◀読書するランガナタン博士

▼チューリッヒでのランガナタン夫妻
（夫人にとって雪は初体験）

▲レマン湖畔のランガナタン一家

▼大阪市立天王寺図書館を視察するランガナタン博士
（後ろは木寺清一，仙田正雄，仙田雄三の方々）

JLA 図書館実践シリーズ 20

「図書館学の五法則」をめぐる188の視点

『図書館の歩む道』読書会から

竹内悊 編

日本図書館協会

The 188 Viewpoints in Learning *the Five Laws of Library Science*
(JLA Monograph Series for Library Practitioners ; 20)

「図書館学の五法則」をめぐる 188 の視点 ： 『図書館の歩む道』読書会から ／ 竹内悊編. － 東京 ： 日本図書館協会, 2012. － 160p ; 19cm. － (JLA図書館実践シリーズ ; 20). － ISBN978-4-8204-1201-4

t1. トショカン ガク ノ ゴホウソク オ メグル 188 ノ シテン
a1. タケウチ, サトル s1. 図書館学 ① 010.1

はじめに

　『図書館の歩む道―ランガナタン博士の五法則に学ぶ』の仕事に取りかかったのは，2005年の秋のことでした。完版版（『図書館学の五法則』森耕一監訳，日本図書館協会，1981）は絶版ですが，各地の大きな図書館では閲覧することができると思います。私に与えられた役割は，図書館実践シリーズの1冊として，現場で働く人たちのために「五法則とはどういうものか」を読みやすい形で説明することでした。

　この小著の出版後，読書会が始まりました。日本図書館協会のメール・マガジンを通して，13人の参加者があり，2010年7月から月に1回集まって，感想や疑問を出し合い，理解を深めました。その結果をレポートにまとめ，合評会をし，1年10カ月に10回の話合いをしました。その報告が本書です。

　毎回箇条書きにして提出された感想や疑問に多少のコメントを加えて，次回の会合前に参加者に送りました。これは短い時間に語りつくせなかったことを補足し，紙上で会話をするためです。そこで生まれた課題は188項目を超えました。つまり私たちが五法則を見る視点がそれだけあったのです。これは，「高論卓説」ではなく，それぞれが五法則についての疑問を素朴な言葉で記録し，五法則から自分の仕事を考え，その感想や疑問をランガナタン博士に問いかけたのです。そういう素朴な表現にハッとさせら

れることがありますし,また五法則という鏡に映る自分と日本の図書館の現実とを見て,思わず洩れてくる嘆声でもありました。

　この 188 の問いかけの中には,みなさんが共感するものや,なぜだろう？と思われるものがきっと見つかると思います。そこからまた新たな問いかけが生まれ,この五法則に対する理解が深まり,新しい読書会が生まれるのではないでしょうか。

　ここに掲載した写真は『図書館の歩む道』と同様に,ランガナタン博士の令息ヨーガシュワリ氏のご厚意によります。ことに家族 3 人の写真は,今までほとんど発表されたことのない,珍しいものです。また索引については,五法則理解の鍵になる言葉を選び,五法則の多面性を示すことができるようにと,読書会のメンバーが知恵を絞りました。

　このささやかな読書会を,協会の出版物が生んだ実践例として評価し,実践シリーズの 1 冊に加えてくださった日本図書館協会出版委員会に感謝いたします。元・法政大学教授の小川徹さんは,『図書館の歩む道』のときと同様,第 I 部の原稿をすみずみまでご覧くださって,私の至らないところをご指摘くださいました。また,いろいろと手落ちの多い私の原稿をまとめてくださった協会出版部の内池有里さんに,13 人の仲間たちとともに心から御礼を申し上げる次第です。

2012 年 3 月

竹　内　悊

目次

はじめに　3

I部　「図書館学の五法則」をめぐって……11

●1章●　読書会の計画……………………………………12

1.1　メンバーの募集　12
1.2　その日程　12
1.3　レポートの提出とそのまとめ　13
1.4　この方式をとった理由　13
コラム　その1　漱石の夢十夜　16

●2章●　ランガナタンの世界とすべての始まり
　　　　―『歩む道』I部と第0章……………………………17

2.1　自分と五法則とのかかわり　17
2.2　五法則の性格　18
2.3　五法則の背景　20
2.4　ランガナタンその人　22
2.5　用語の問題　25
2.6　五法則と今後のわれわれ　26
コラム　その2　図書館主管当局　28

●3章●　第一法則《本は利用するためのものである》
　　　　―『歩む道』第1章……………………………………29

3.1　第一法則について　29

目次

　3.2　図書館員とその仕事　32
　3.3　日本の図書館の現実　36
　3.4　自分の仕事の反省として　39
　コラム　その3　ナイチンゲールと図書館員　40

●4章●　第二法則《いずれの人にもすべて，その人の本を》
　　—『歩む道』第2章 …………………………………………41

　4.1　「第二法則とその苦闘」の今日的役割　41
　4.2　第二法則の個別的課題　43
　4.3　ランガナタンの考え方　45
　4.4　今後の課題　48
　コラム　その4　インドからみた日本　51

●5章●　第二法則とその浸透
　　《いずれの人にもすべて，その人の本を》
　　—『歩む道』第3章 …………………………………………53

　5.1　この章について　53
　5.2　ここでのランガナタンの考え方について　56
　コラム　その5　カーネギーの図書館建設費援助　58

●6章●　第二法則とその意味
　　《いずれの人にもすべて，その人の本を》
　　—『歩む道』第4章 …………………………………………60

　6.1　第4章について—首長とその政策　60
　6.2　人は地域の財産　61
　6.3　関係閣僚会議　63
　6.4　図書館員は何をなすべきか　64

6.5　レファレンス・サービス　　66
　　6.6　読者の義務について　　67
　　コラム　その6　いつでもすぐに曲げられる膝　　69

●7章● 第三法則《いずれの本にもすべて，その読者を》
　　―『歩む道』第5章 ……………………………………………………70

　　7.1　第三法則について　　70
　　7.2　ランガナタンの先見性　　72
　　7.3　開架制について　　73
　　7.4　図書館の普及サービスと広報　　75
　　7.5　レファレンス・サービス　　76
　　コラム　その7　五法則のイメージ　　79

●8章● 第四法則《読者の時間を節約せよ》
　　―『歩む道』第6章 ……………………………………………………80

　　8.1　第四法則について　　80
　　8.2　第四法則の実現　　83
　　8.3　レファレンス・ライブラリアンとテクニカル・サービス　　83
　　8.4　図書館員の仕事について　　85
　　コラム　その8　図書館サービスはArt　　86

●9章● 第五法則《図書館は成長する有機体である》
　　―『歩む道』第7章 ……………………………………………………87

　　9.1　第五法則について　　87
　　9.2　進化論との関係　　89
　　9.3　生きているから変化する＝変化するから生きられる　　90

目次

　9.4　図書館の三要素の一つとしての図書館員　　91
　9.5　ミツバチの精神　　95
　9.6　図書館資料と図書館サービス　　98
　9.7　図書館資料の利用は無料　　101
　9.8　今考えるべきこと　　103
　コラム　その9　無料の原則と図書館人の苦悩　　106

●10章●　私が学んだこと　　108

　10.1　凝縮された表現　　108
　10.2　その長所　　108
　10.3　読者の躓き　　109
　10.4　ランガナタンの用意　　110
　10.5　五法則の理解のために　　110
　コラム　その10　五法則発表80周年記念国際セミナー　　114

Ⅱ部　『図書館の歩む道』読書会レポート　　117

（1）『図書館の歩む道』読書会について　　118

　読書会に参加して（深澤榮一）　　118

（2）読書会から得たもの　　120

　読書会に参加して（五十嵐花織）　　120
　読書会で得たもの—日々に立ち向かう力（海老澤昌子）　　122
　『図書館の歩む道』読書会に参加して考えたこと，感じたこと
　（芦川　肇）　　125

五法則の持つ広がり―私の学んだこと（大石　豊）　　128
　　　ランガナタンの掌の上で（田崎淳子）　131
　　　読書会を経てランガナタンの原書を読む（叶多泰彦）　　133

　(3) 図書館実務から見て ………………………………………… 135
　　　熱心な改革者ランガナタン（荒井壽惠）　135
　　　五つの法則と図書館員のあり方（関　徹也）　　137
　　　図書館は人のために，人がつくる（蓑田明子）　　140
　　　一人に1冊の本を結びつけることの大切さ（島　弘）　142
　　　「図書館学の五法則」と『市民の図書館』『買物籠をさげて図書館へ』
　　　（小池信彦）　145

　(4) 今後の図書館サービスを考える ……………………………… 148
　　　五法則を実現するために（返田玲子）　148

あとがき　153

索引　155

■口絵写真説明
　読書するランガナタン博士
　チューリッヒでのランガナタン夫妻（夫人にとって雪は初体験）
　レマン湖畔のランガナタン一家
　大阪市立天王寺図書館分館を視察するランガナタン博士
　　後ろは木寺清一，仙田正雄，仙田雄三の方々
　　By courtesy of Mr. Ranganatha Yogeshwar.

第 Ⅰ 部

「図書館学の五法則」をめぐって

図書館学の五法則[*]
- 本は利用するためのものである。　　　　　Books are for use.
- いずれの人にもすべて,その人の本を。
　　　　　　　　　　　　　　　　　Every person his or her book.
- いずれの本にもすべて,その読者を。　Every book its reader.
- 読者の時間を節約せよ。　Save the time of the reader.
- 図書館は成長する有機体である。
　　　　　　　　　　　　　　　　　A library is a growing organism.

(*Ranganathan, S. R. *The Five Laws of Library Science.* 2nd ed. ⓒ 1963. p.9)

1章 読書会の計画

1.1 メンバーの募集

　『図書館の歩む道』読書会は，月に1回，最終月曜日の午後2時から4時まで，日本図書館協会の会議室で開きました。協会のメール・マガジンで募集したところ，13人の応募を得ました。実務経験の豊富な主任司書や分館長，館長までを含む多士済々で，11人が公立図書館員，それに学校図書館と大学図書館から一人ずつでした。館種の違いを越えて共通部分を求めようというランガナタンの考え方に沿うものとして，うれしいことでした。

　この人たちへの期待は，毎回出席し，そのたびに予習のレポートを提出すること，さらにそれぞれに最終レポートをまとめることです。病気でやむを得ない場合を除いて，全員がこれを満たしてくれました。会費は，終了までの全期間の通信費として1,000円。幸いに世話人も数人手を挙げてくれて，1年3カ月に及ぶ期間中の連絡がスムーズに進みました。

1.2 その日程

　この会は，2010年7月から始めて，6回で『図書館の歩む道』を読み，最終レポートを提出して終わる予定でした。し

かしレポートが出そろったところで3月11日の東日本大震災に遭遇，自然の猛威に対する自分の存在と図書館員という仕事とを考えた結果，最終レポートの合評会を開いてお互いに内容を深め合うこととしました。これを3回開催，さらにもう一度全体のまとめをして，合計10回の読書会となりました。

1.3 レポートの提出とそのまとめ

毎回提出する予習レポートには次の内容を求めました。
① 次の会で読むべき章について，前もって下読みをし，自分の感想や疑問点をまとめる。
② それをA列6号の用紙に箇条書きにする。
③ そのメモに基づいて次の会で発言する。
④ 参加者から集めたレポートは，次の会の遅くとも1週間前に参加者全員に届くようにまとめて，ファイルを幹事に送る。幹事から参加者全員に発送する。
⑤ そのまとめに関する質問や感想は，次の会の冒頭に行う。

1.4 この方式をとった理由

読書会には，テキストを前もって読み，その感想を話し合う，というイメージがあります。ここではあえて自分の感想，疑問，意見などをまとめ，書いて提出することにしました。これはランガナタン博士の考え方をできるだけ広く，かつ深く理解するため，自分の感性の段階ではなく，もっと掘り下げて考え，結果を参加者全員で分け合うためでした。それは：
① 人の話を理解するのには，準備がいる。その考えを受け

取る枠組みが自分の中に用意されていて，はじめて人の話を理解することができる。つまり予習が大事なのである。
② 自分の意見を確かめるためには，書くことが有効である。自分の思いが心の中から外に出て，紙の上に定着するからであろう。それによって自分の考えを客観視できる。
③ また，Writing is re-writing といわれるように，書き直しを繰り返すことで自分の考えが展開する。
④ 以上を繰り返すうちに，取り組みに自主性が生まれる。その世界を自分で歩くからである。その準備がなくてただノートをとるだけでは，受け身のままで終わるであろう。
⑤ 毎回のレポートは，目の前のランガナタンの考え方を，その人がどのように受け取ったかの表れである。それが基調であって，その考えの深浅や適否は問わない。人が見過ごしてしまう単純素朴な発言の中に，深く考えさせる意味が隠されている。それを大切にしたいからである。
⑥ 毎回提出される感想や意見，質問などは 50 〜 60 項目に上る。それを内容によってグルーピングし，配布する。それを読むと，自分とは違う考えが見えてくる。そこから自分の考えを再検討することができる。

　それに加えたコメントや参考資料は，少ない討議時間を補うための手段であり，また次の章への準備でもあった。これを要約したものが本書の第 2 〜 9 章である。つまりこの読書会では，一人ひとりの読書の結果から，このような考え方が生み出され，それを全員が共有したのである。
⑦ 夏目漱石の「夢十夜」：このやり方の理由に，漱石の作品「夢十夜」の「第六夜」がある。かつて米国で学んだとき，仮説を立ててそれを証明するという手法自体について，

自分の考えをどう組み立てるか，考えあぐねたことがあった。自分のテーマに即して資料を集め，そこから仮説を導き出し，その妥当性を証明するという実例はいくらでもある。しかし実際にはテーマ，資料，自分の考え方と手法，その限界によって千差万別になる。そこが難しかった。

　ふと思い出したのは，それから30年も前に読んだこの一編であった。仁王を彫るとは，それが埋まっている木を見つけることだという夢の話である。その要旨はこの章の末尾の「コラム　その1」でご覧ください。

　この話を，教育人類学の指導教授に話してみました。わかってくれるかどうか心配でしたが，話の途中から先生は微笑を見せ始め，話し終わったときには，"Hey, You got it!"と，膝を叩いて喜んでくれました。そして，仮説を立てて証明をするにはいろいろな考え方がある。この分野では，仮説は考えを進めるためのガイドラインだ。だから今の話は面白い。君の論文の前書きに入れたら，といってくれたのです。

　つまり，何かを研究するとは，「仁王が埋まっている木を探す」ことなのです。そういう既製品があるわけはないから，仁王として育つべき事柄を注意深く収集し，それを自分の中に蓄積することになります。そして育ってゆく仁王に内在する性格を検討して，どんな道具で，どこからどう掘り出すかを考えます。それが仮説の形成です。その仮説が普遍妥当性を持てば仁王が出現するでしょうし，そこに遺漏があれば現れません。つまり研究がまとまらないことになります。

　今のわれわれにとって大事なのは，仁王が埋まっている木，つまり五法則の考えを受け取って，それを自分の中で育てる

ことです。それを進めるために，読み，書き，書き直し，仲間と考えを分け合い，そして掘り出すに足る自分の仁王を育てる，つまり五法則についての自分の考え方を育てるのだ，と考えました。そのための予習レポートであったのです。

コラム その1 自分のテーマの発見と表現

漱石の夢十夜

「運慶が護国寺の山門で仁王を刻んでいるという評判だから，散歩ながら行ってみると，自分よりも先にもう大勢集まってしきりに下馬評をやっていた」という書き出しでこの話は始まります。下馬評とは江戸時代に主人の供をした中間などが主人を待つ間の噂話。だからここでの会話の質も知れるというものです。運慶はそれにはかかわらずに，鑿と槌とを動かして，仁王の顔のあたりを彫りぬいています。それが周囲の明治時代と全く異質で，漱石は「不思議だ」と思いながら見ていました。すると若い男が漱石に向かい，「さすがは運慶だ。眼中に我々なしだ」といいます。「よくあんなに無造作に鑿を使って，思うような眉や鼻ができるものだ」と漱石がいうと，彼は「あの通りの鼻や眉が木の中に埋まっているのを，鑿と槌で掘り出しているのだ」といいます。それなら誰にでもできる，と思った漱石は，家に帰って薪を彫り始めました。しかし「不幸にして仁王は見当たらなかった」のです。何度繰り返しても，仁王を隠している木は見つかりません。

「ついに明治の木には到底仁王は埋まっていないのだと悟った。それで運慶が今日まで生きている理由がほぼわかった」と結んで，この一編が終わります。われわれがものを考え，書きあらわそうとするとき，仁王がいる木を探し出せるか，自分の中に仁王を育てるか，さて，どうしたらいいでしょうか。
(『漱石全集』第8巻 岩波 1966.「第六夜」p.48-50)

2章 ランガナタンの世界とすべての始まり

『歩む道』I部と第0章

> 以下に予習レポート6回分の要約と，竹内のコメントを掲げました。口頭や紙上でどんな話し合いをしたかをどうぞご覧ください。コメントのないところは，その意見や感想に同感し，そのままをみんなで分け合おうとしたところです。無視ではありません。なお文中の『図書館の歩む道』は単に『歩む道』としました。

2.1 自分と五法則とのかかわり

【1】 今まで毎日の仕事に流されていて「何のための図書館か」を考えなかった。資料の収集と提供だけで終わっていたのである。図書館とは，人のためにあることに気づいた。

○ それが実態でしょう。現実の忙しさと疲労とを乗り越えるのは容易ではありません。それでも，五法則がある，と知れば，その忙しさの中でもわずかな時間を割いて考えようとします。その積み重ねが力になるのだと思います。

【2】 五つの条文を，一つ一つ独立しているものとして考えていた。実は相互に連関しての五法則であった。

○ これはきっと「法則」という言葉の影響と思います。学校で教わった「法則」は，きわめて単純な文章で表現され，短い説明がついて，それで終わりでした。専門科目でその

法則を学べば，もっと詳細に学ぶはずです。この五法則は，一つ一つの条文の意味とともに，その五つが緊密に連携しています。そこに，今，貸出だけが仕事と思われている図書館の，もっと深い意味があらわれてくるでしょう。

【3】 ランガナタンという人の考え方に，あらためて興味を持った。原著を読みたいと思う。

○ 図書館の仕事の奥行きを原書から学びたいものです。『歩む道』は，人と原書との媒介が目的ですから（原書については，10.5(1) 参照）。

【4】 今までは第五法則の格調の高さにとらえられて，内容を考えようとはしなかった。これには思考停止の危険があるのであった。

○ 第五法則の格調の高さによりかかると，その意味を考えないという危険があります。よく考えた上に自分の解釈を築けば，きっと説得力のある考え方が生まれます。そこから第五法則自身が成熟し，成長するのです。

【5】 五法則が主張する「人が育つ」ことも「それを適切に援助すること」も，ともに難しいと感じた。

○ 人が育つことと，それを適切に援助することとは，大きな仕事です。それには自分がまず成熟し，成長するための努力が必要になるからです。

2.2 五法則の性格

【6】 五法則は，各国ではどう受け入れられているのか？

○ それはこれからの課題です。2011 年に韓国で，「五法則発表 80 周年記念国際セミナー」が開かれたことは，関心

の高さを語っていると思います。日本での状況は,「受容」はしても「定着」は今後ではないかと思います。

【7】 それは管理者への説明用としてつくられたのか。

○ 原著者が五法則を作った目的は,図書館の本質を追求し,そこから実務の規範を導き出すことでした。それは『歩む道』の「第0章 すべての始まり」に明らかです。そういう図書館を実現し,サービスを提供するには,図書館の管理者たちもそれを理解する必要があります。図書館管理者を任命する人にも,財政当局にも,地域の利用者にも,みんなにわかるものにしなければ,図書館がその力を発揮できません。そこでみんなに語りかけるのです。

【8】 すべての人に教育を,という基礎に立つ見方は重要である。革新性とともに時空を越える普遍性を持つからである。

○ この場合,ランガナタンの考える教育は,教室での授業よりももっと広い意味です。人の成熟と成長とにかかわる仕事全部,といってよいでしょう。ランガナタンは,人がその五感によって知覚するすべての刺激によって自分を教育することができる,と思っているのではないでしょうか。この成長した「人」によって社会が進歩するのです。

【9】 ランガナタンは,英国とインドの図書館を比較という視点で観察し,学ぶべきことを学んで帰国した。

○ 比較とは本来,優劣の順位づけではありません。それは「自分自身を知れ,Know thyself!」という言葉が示すように,いわば内向きの手法です。図書館の書架の上には,同一分類番号の本が並んでいます。そこで利用者は,自分の必要とすることが書いてあり,自分にわかる書き方をしている

のはどれか，自分自身と対話し，自分の能力と比べて本を選んでいますし，それができるようにするのが図書館員の仕事の一つです。ランガナタンはそれと同じように，英国の図書館とインドのそれとの長所と短所とを比較し，学ぶべきものをインドに持ち帰ったと思います。

　もう一つ，ランガナタンは英国で，インドで見る英国人とは違う人たちを見，その人たちが作る社会を見ました。それが大きな影響を及ぼしたと思います。

2.3 五法則の背景

【10】　この五法則は，著者の実務経験と思索とから生まれた。
○　ランガナタンは，館長に就任するまでの6年半，カレッジの数学教師でした。そのとき，一人ひとりの学生の能力に合った教科書を学生に使わせてすぐれた教育効果をあげました。これが後年のレファレンス・サービスの基礎となります。また館長に就任後，留学までの8カ月は，図書館の実務を知ることのために務め，目録作業をし，読者のための図書館像を求めました。英国ではロンドン大学図書館学部で学び，クロイドン市立図書館で実習，各地の図書館を訪ねて見学を重ねました。帰国後の働きは『歩む道』の第0章に明らかです。

　彼は，誰よりも早く出勤し最後に退出する人でした。自分の研究とマドラス図書館協会の仕事とは，眠る前の時間を充てました。そういう人が実務から帰納して図書館とは何かを考え，そこから演繹をして五法則を生み出したので

す。これによって，特定の館種のためではなく，すべての図書館に通じる考えとなりました。

【11】 インドの社会事情が背景にある。

○ 当時インドは，英国の植民地でした。人々は英国の繁栄のために働かされたのです。さらに，多民族・多言語の地域ですから，英語が共通語でした。こういう複雑な条件の下で，インド人としての自覚を持って生きるには何をなすべきか，ガンジーもネールも，みんながそれを考えました。ランガナタンが考えたのは，教育を振興し，識字率を高め，自分でものを考えることができる人を増やすことでした。そのための「図書館」だったのです。

【12】 ランガナタンは館長の公募に応じて採用され，英国に派遣された。そこまでした大学当局の意図は？

○ 植民地インドの教育行政は英国政府の，大学の運営は英国人の学長，副学長の所管でした。彼らは大学振興のための新しいプランを実施しますが，その方針が次の時期の大学幹部に継承されるとは限りません。大学内外の政争にもよります。ランガナタンはマドラス大学で英国人副学長から，自分の任期中に図書館の改革をやり遂げるように，そうしなければその後はどうなるかわからない，といわれました。その後彼が大学を転々としたのも，彼を招いた学長が退任すると，何もできなくなるからでした。

【13】 英領植民地での実践から生まれたランガナタンの考え方をなぜ先進国が受け入れたのか。

○ どんな理由にもまして，五法則自体がそれまで誰も考えたことがなく，人々が納得せざるを得ない内容を持っていたからでしょう。当時の図書館界が暗黙のうちにそれを求

めていたとさえいえます。しかもそれは，わずか26語という簡潔な表現形式を持ち，その説明に12万語をもってするという奥行きがあります。さらに，英国の領有によってインドの文化や思想の奥深さが西欧社会に知られるようになったことも，五法則への関心を高める一助になったことでしょう。

【14】 大学図書館で働きながら，館種を越えた図書館観を持ち，すべての館種の振興に働いた。

○ ランガナタンは「図書館とは何か」を考えるのに，館種の別を越えていました。「図書館のために図書館を考える」のではなく，人の成熟と成長とのための図書館を考えたからでしょう。しかも自分を育てる過程で人はどの館種ともかかわりを持ちます。館種ごとに基本が違ってはならないのです。違うのは適用の仕方です。

2.4 ランガナタンその人

【15】 彼の教育観は？

○ ランガナタンが令息に語った教育観三カ条を『歩む道』p.45にあげました。また，学生一人ひとりに適した教科書を渡した教育法は，彼に「生まれながらの教育者」という評価を与えました（本書【8】，【10】コメント参照）。その基礎には，小さいときから父親の朗誦するのを聞き，また成人してから読んだ『ラーマーヤナ』の章句があったことでしょう。この534節からなる叙事詩を18回読んで，その記録を残しているほどですから。さらに教育者としてのロス教授やセイヤーズ館長からの影響も大きいと思います。

【16】 目録業務から入ったことの意義。

○ 目録をとるように，といったのはロス教授でした。その深い意図はわかりませんが，目録法を学び，その実務を経験することは，図書館を知る上で大事なことです。それは本の特質をその物理的形態から把握できるからです。

【17】 人との出会いと適切な助言に恵まれて道が開けた。

○ ランガナタンの人生の曲がり角には，先輩や教師，友人の助言が大きな役割をしています（『歩む道』2章「著者ランガナタン」参照）。彼を理解し支持した人たちは少なくはなかったのですが，その反面，理解をせず，ことごとにその障害となった人もいました。こういう人とのやりとりは彼の自伝 *A Librarian Looking Back* (ABC Publishing, New Delhi, 1992) に書かれています。しかし個人名には彼独特の著者記号を使っているので，読者には誰ともわかりません。これは，ランガナタンの一面を語るものといえましょう。困難に出会って考えることも自己教育のひとつと考えるからではないでしょうか。

【18】 数学，物理学とインド思想による科学的で厳密な思考。

○ 彼は数学と物理学とを学んで，科学者としての思考の方法と能力を身につけました。その基礎には，出自と父親との影響によって，インド古来の世界観を自分のものとしたことでしょう。ヴェーダやマハーバーラタ，ラーマーヤナなどの古典から引用していますし，彼の理論の基本概念はサンスクリット語で示しています。五法則もコロン分類法もそういう思考から生まれました。

【19】 厳しい生活と研究の態度を持ち続けた。

○　令息によれば，40歳以後は，食事は朝食だけ，著作の執筆中には，夫人にスプーンで口に運んでもらいながら手を動かしていたとも言います。考えの中断をおそれたのでしょう。また，自分の助手には厳しく，自分と同じだけの努力を要求しました。それはその人を育てるためでしたが，それに耐えられない人も出ました。厳しすぎたことを彼自身も反省したといいます。ランガナタンは，自分が見出した究極の理念を，わずか26の英単語で表現する人ですから，正に天才というべきです。それほどの人だからこそ，厳しいプロセスを踏んで，思索に没頭し，助手にもそれを要求したのでしょう。

【20】　図書館がランガナタンに，これほどの努力をさせた。その「図書館」とは，いったいどういう存在なのか？

○　その天才をしてこれほどまでに献身させる図書館とは何か，この問いかけは重いと思います。さまざまな答えがあるでしょうが，ランガナタン自身は英国に留学して「かつて数学に興味を持ち，それを一生の仕事としようと思ったが，図書館の学問的研究にもそれに劣らぬ興味と重要性とを発見した」といいました。それは，人類が生み出した感覚や思考や行動の記録と，それに触れて自分を開発する人間との関係に動かされたのかと思います。カーネギーもそうだったのでしょう。今日のわれわれに問いかける重い課題です。

　一方，人がそれほどに打ち込むのは，正にその人自身にとってそれだけの意義があるからです。誰にでもそれがあるといえましょう。それを探すのに，みんなが苦労をしているのではないでしょうか。

2.5 用語の問題

【21】 五法則の「法則」という言葉は厳しい。館種も地域も時代も政治体制も,世の中の動きもすべてを越えて,それに従わなければならない,という響きがある。

○ ランガナタンは"Law"という言葉をニュートンの運動の法則から使いました。この言葉を「法則」としたのは,1981年の五法則完訳版(森耕一監訳)からです。以前は五則とか五原則とかいいました。原著者の"Law"と日本語の「法則」の意味がどう重なるかは難しい問題です。私は定訳として「五法則」という書名を認めた上で,五法則の内容をどう表現すべきか,じっくり考えたいと思います。言葉が着ている上着よりも,中身のほうを考えたいのです。それは無条件で受け入れるものではなく,その妥当性を常に検討するものと思います。

【22】 ランガナタンは「民主主義」を主張する。政治概念と同じか,違うのか。

○ これは今日の政治体制の一つと見るよりも,昔からすぐれた教育者が一人ひとりの弟子に人間として相対したこと,つまり原初的な民主主義のことだと思っています。

【23】 社会教育施設としての図書館と五法則の図書館とのかかわりはどうか。

○ 社会教育施設として図書館を規定することは,確かに必要ですが,五法則がいう図書館は,社会教育施設であろうと学校内の施設であろうと,「人が成熟し,成長することを資料提供によって援助する機関」と考えられます。館種別の違いよりも,一致する面を求めるのです。だから教育

機関に属しても「教え込む」のではなく,「自分で考えるように援助するところ」, つまり「育」を実践するところと考えています。

【24】 五法則をじっくり読むと言葉の大切さが浮かび上がる。そして今までの解釈は自己流であったことに気づく。

○ 少ない言葉での表現だからこそ, 一言一言が大事なのですね。

【25】 五法則は26語というが, 24語ではないか。

○ 24語と26語, どちらも間違いではありません。第二法則は最初, Every Reader His Book だったのですが, 後に Every Person His or Her Book として, 2語増えました。今入手できる五法則の原書は, 1931年の初版の復刻版のようですが, 26語のほうが載っています。一方, 今日のインドの出版物にも, 24語のままのものがあります。

【26】 図書館主管当局という言葉には, なじみがない。

○ 「コラム その2」を参照してください。

2.6 五法則と今後のわれわれ

【27】 今日の日本の図書館状況を映し出す鏡として, 戦後の図書館史と並行して考え, 現在の諸問題の解決策を考えたい。

○ 五法則ではインドでの女性の読書が取り上げられていますが, 1950年代の司書講習で「日本の女性が家庭で自由に本を読めるようにならなければ, 公立図書館はその役割を果たしたとは言えない」という講義を聞きました。原著者が五法則の中で述べている実例は, 日本にも共通の現象

が多いのですが，これらは，同じ理由から生まれたか，それとも違う理由かは，検討が必要です。そこからこの提案が生きてくるでしょう。

【28】 図書館員として働く意義と，サービスの原点とを再確認したい。そのため，志のある図書館員が誇りを持って働く環境を作り，館員が研究テーマを持ってその成果を残すこと，長期的ビジョンと理論的根拠，説明能力を養う必要がある。

○ ランガナタンは，まさにこの点を取り上げています。「図書館を良くするのも悪くするのも，人による」のです。

【29】 図書館評価の指標として使うことを考える。

○ 米国でも同様の考えが発表されました。日本で五法則を図書館評価に使うとすれば，「図書館は人のためにある」という基本姿勢を明確にする必要があるでしょう。それを実現するために，図書館評価をするのですから。

【30】 図書館の教育機能の確認と普及を図る必要がある。

○ まず，教育には「教」と「育」との二つの働きがあります。これらは相互に補うものですが，どちらを表に出して活動するか，という点で，違いが生まれます。「教」は教え込む方ですが，「育」は，一人ひとりが持つ力が伸びるのを助けます。次の段階への準備をしながら，その時を「待つ」のです。この二つの面が教育には必要ですが，今は押しなべて「教」が強調され，また子どもたちも引っ張ってもらうことを期待するようです。自分で「面白いと思うこと」を発見する子どもに育つために図書館がある，それが当たり前になるように努力をしたいと思います。

コラム その2 聞きなれない言葉

図書館主管当局

　確かに聞きなれない言葉です。これは library authorities の訳語です。図書館当局とも言えるかもしれませんが,当局というのもあいまいな言葉だと思います。「図書館当局者」といえば,図書館を運営する当事者をさすことになりますが,どこからどこまでを含むのか,よくわかりません。その上,五法則においては,特に指定をしない限り,すべての館種に共通なものを示すのですから,ますます厄介になります。つまり,学校図書館,公立図書館,大学図書館,専門図書館,国立図書館の管理機構の役職の共通名称があるかどうか,ということなのです。

　そこでここでは,館種にかかわらず,図書館政策の立案,人事,予算などにかかわる図書館の上部機構のメンバーと,実際の管理・運営に当たる館長や部・課長を含む人たち,と考えておきたいと思います。つまり図書館を置いている政府や団体の理事者たちで,図書館の運営にかかわりを持つ人と,管理・運営の実務者たち,ということでしょうか。

　この人たちは図書館の方針や政策の立案にかかわるとともに,その実現のために図書館で働く人の力をまとめていく人です。

　さらに図書館の設置母体の目的を実現するために図書館には何ができるのか,どうしなければならないか,どんな資質を持った人たちが必要なのかを,設置母体の当局者に説明するという役割があります。

　ランガナタンは図書館主管当局の義務として,本と職員との選択をあげていますが,当局者がこの仕事について十分な理解を持つためには,職員の方から常に当局者への情報や考え方の提供が必要です。それがこの人たちによりよく任務を果たしてもらう大事な条件になるでしょう。

3章 第一法則《本は利用するためのものである》

『歩む道』第1章

3.1 第一法則について

【31】 本は利用するためのものというシンプルな表現から学ぶことは多い。この観点から現在の図書館の点検が必要。

○ このシンプルな表現が原著者の大きな特徴といえましょう。自分が真剣に考え、これこそ真髄だ、と思うことを、わずか五つか六つの英単語で表現したのです。それだけに読み手は深さが要求されます。文字面だけで理解したつもりが、考え続け、経験を積むと、深い意味があらわれてくるのです。

【32】 第一法則は図書館を洞察するための源泉である。それは時間・空間・物理的環境とともに、人の問題、利用者の特性を利用の側面から検討している。それについて、

(1) 看護学におけるナイチンゲールの考え方と共通性があると思う（「コラム　その3」参照）。

(2) 本は利用するもの、ということの多面性に驚く。図書館施設や図書館員のあり方までも論じていることは予想外であった。

(3) 本を鎖から解放し、さらに図書館という建物の中だけに限定しない、という革新的な考え方に驚く。

○(2), (3)第一法則は本を保存という伝統的な鎖から解放し、

人が生きる上での本の役割を述べました。それとともに，五法則全体の総論でもあります。つまりここに述べられているさまざまな要件は，人体の骨格，筋肉，血管，神経組織などのように体中に張り巡らされ，その体を維持しているのです。その点で第一法則は大きな意味を持っています。

【33】 その前提に「すべての人に教育を」を置くとすれば，図書館は基本的人権とかかわってくる。

○ 基本的人権を人間が持つことを確認し，それを人間の生活の上に実現するために教育があり，その教育のために図書館がある，ということです。この教育は，学校教育のほかにもっと広い意味を含みます（本書 2.2【8】コメント参照）。

【34】 第一法則は，図書館学と図書館とがうまく連結する土台である。直結させるべきだ。

○ 図書館学と図書館の実務の乖離の指摘でしょうか。それはおそらくあらゆる分野で起こることと思います。ランガナタンは，図書館学がまだ「学」としての組織を持たなかった時代に，さまざまな実務の意義を求めてこの第一法則に至り，そこからその考えをどう実務にあらわすべきかを考えました。今日においても，この第一法則を含む五つの法則は，図書館学と実務の双方の共通の基盤であるはずなのです。それは，著者が示した考え方を守り続けるというのではなく，お互いに新しい考え方を育てながら，それぞれの考え方の妥当性を検討し続けるという点に共通部分を持つのです。

【35】「本は利用するためのもの」という考えが当然のこととなった貴重さを改めて考えるべきである。

○ 「本は利用のためにある」という言葉は，1950年代から

60年代の日本でも大きな驚きでした。

【36】「適切な読者に,適切な本を,適切な時期と方法とで提供する」という言葉が思い出される。

○ 1876年,アメリカ図書館協会創立のときに事務局長メルヴィル・デューイが提案した,The best reading for the greatest number at the least cost. と共通しているといえましょう。

【37】 第一法則の叙述の仕方について,

(1) 第一法則から第二,第三という展開が理解できる。その順番も興味深い。

(2) ここでは図書館長と図書館員とのあり方にいちばん多くのスペースが割かれている。それは,図書館を良くするのも悪くするのも,そこで働く人によるから。

(3) 大事なものを先にするのなら,開館時間や立地条件などが先に来るのは疑問。

(4) これが最初に来ることによって,図書館が本の利用のために何をなすべきか,という数々の課題が見えてくる。それを表現する短い言葉に,底力を感じる。

(5) 保存が重視された時代には,知識は一握りの識者に独占されて,その地位の安定に役立っていたであろう。一般の人が知識を得る機会がないことが,その特権的地位を支えていたものと思われる。

○(3) 開館時間や立地条件を先にするのは,これから図書館のことを考えようというインドの地域社会の反映と思います。また,図書館は使う人のことを考える,ということを下敷きにしてのことでしょう。

(5) 知識の独占と地位の保全は,なかなか根が深い問題です。今日でも,知識はみんなのものだ,という考えに

なお抵抗があると見えます。

3.2 図書館員とその仕事

【38】　第一法則によって最も大きな影響を受けるのは図書館員である。そのことは、専門職としての教育と現状を検討する手がかりとなる。

（1）　その役割に対し、新たな責任感と先人の労苦とがある。
（2）　図書館と図書館員との大きな役割は、人への支援であり、今後ますます必要になる。
（3）　図書館員は、人の成熟と成長とにかかわるのが原点。
（4）　図書館員は、人のために働くという志向と、自分の専門分野、判断力、自制心、科学的思考、読者の知的探求への共感を持ち、そのための努力をする。
（5）　人が大切にされない時代に、一人へのサービスを中心とする図書館というものの大きさに注目しよう。
（6）　一人へのサービスとは、人の心の琴線に触れることであり、カウンセリングに近い援助の仕方と倫理観とが必要になる。
（7）　一人へのサービスは、対等な人間同士の関係で成立し、人間が人間であることの基本である。別な資料（「コラム　その6」参照）では、「人と目をあわせて話せるように、いつでもすぐに曲げられる膝」と表現される。それは、心の柔らかさだといえよう。
（8）　一人へのサービスのためには、そのための専門性と自分の仕事への反省が必要。この仕事は世の中では目立たないが、いつか社会に理解が育つと思う。

(9)　ここに述べられた図書館員像は，インドもしくは欧米で一般に受け入れられたか？　日本ではどうか？
○(3)　普通は成長の中に成熟も含めますが，本を読んで考えるときの，成長のイメージだけでは覆いきれない，内面的な深まりとその蓄積とを成熟と表現しています。
　(9)　この問いに答えるのはまことに困難です。そのための物差しがなく，それで測るべき対象もまちまちだからです。本書のあちこちで比較研究の必要が提案されているのも，同じ問いに答えるためでしょう。

【39】　本（とそのコレクション）と市民との結びつき：利用の障害を乗り越えるのは図書館員の仕事，絶えずそれを問題意識とする必要がある。
　(1)　図書館の歴史は，利用の障壁を乗り越えた歴史である。一方，利用者からみれば，図書館数や閉館日，開館時間なども障壁となる。
　(2)　一人の読者と1冊の本の結びつきは，まるで化学実験のときの化合を見るような新しい驚きがある。
　(3)　図書館サービスは，人が来るのを待つだけでなく，図書館の持つ可能性をアピールすることが大切。
　(4)　商店のたとえが，サービスのあり方や立地条件を考えるのに使われているのは適切だと思う。しかし，「人が起きているときはいつでも」という表現は，現場の感覚でいえば，人の問題を生み，指定管理者制度の導入を招き，館員の疲労を生む。図書館員にも適度な休息と学習の時間が必要である。
○(1)　ランガナタンはマドラス大学図書館で，全日開館を実施しました（『歩む道』p.66 参照）。

(2) 図書館員は「触媒」として働く，という表現もあります。
(3) サービスのあり方：米国ボルティモア郡立図書館長は近くのスエーデン家具量販店イケアから強い刺激を受けました。顧客がこの家具を使ってみたいという気になる工夫が凝らしてあったからです。自分たちの商品は「本」だ，と考えた館長は，本が自分から読者に語りかけ，読みたいと思う気にする方法を考えました。それがフェイスアウトです。この図書館は棚板をほぼ15度傾斜させた書架を作り，そこに本のひら（＝平）を正面にして，複本を排架します。平はその本の内容や特徴をいちばんよく表すところで，それが利用者に語りかけるのです。その1冊が貸し出されると，次の本の平が同じように語りかけます。そこでこの図書館は，貸出冊数で米国第一となりました。複本が全部貸し出されてスペースが空いたら，その近くの本をすぐにそこに置いて，平を正面に出し，本自身が語りかけるようにするという図書館員の努力と，収書方針とに基づいて複本の数を決める，そういう方法の結果でした。
(4) 図書館員にも適度な休息時間を，は全く当然で，それがきちんと保障されて「人が起きているときはいつでも開館」が実現できます。今の日本では，きちんとものを考えて図書館の運営を決めるよりは，断片的な情報によって判断する傾向があるようです。図書館とは本を並べて貸し出すところにすぎないという強い思い込みがあるからでしょう。「保存」を中心とした時期から「貸出」に至るのには非常な苦労がありました。図書館が「貸出」

をするところとなったのは，その苦労に基づく進歩なのです。しかし，その次の段階に進むことができず，そのイメージのまま推移しています。図書館は一人ひとりがそこで安らぎを覚え，いつも忙しい自分を見直し，楽しみを見つけ，問題を解決し，自立する自分を発見する場，そしてそれを援助するのが司書，というイメージを日本中に浸透させなければ，と思っています。

【40】 図書館長
 (1) 館長は図書館がよく利用され，図書館がにぎわうことを館員が喜びとするように館員を励まし，指導することが大切。
 (2) 館長はその自治体の図書館政策にかかわる。それは森林政策と同様，総合的な視点から立案される。
 (3) 図書館長はさまざまな利用者への対応ができなければならない。利用者の中には，気難しい人もいれば，自分の存在を確かめるために苦情をいう人もいる。

【41】 図書館員の給与
 (1) ランガナタンは，給与が低ければ利用者からの敬意が得られないという。これは非常にドライな考え方と思った。待遇は社会的評価の結果に伴うはずのものではないか。これには他のランガナタンの主張に感じたことのない違和感があった。
 (2) 経営学との関連があるのだろうか？
○(1) インドにはカースト制度があり，地位と収入とを支配したことに加えて，植民地という条件がありました。植民地の民衆には，それしか判断の基準がない，という場合もありますから。

(2) 経営学の問題かどうかはわかりませんが,「給与が高いのはエラい人」というのは一般的な感覚でしょう。しかし収入だけがすべてではありません。ランガナタンはインドの複雑な社会体制の中で,図書館員という新しい専門職を人が重んじ,信頼するようにするためにあえてこういう発言をしたのだ,と私は考えています。

3.3 日本の図書館の現実

【42】 図書館について発言する人は,学者,研究者,図書館学の専門家であっても,分類や目録,貴重書の保存・管理などに関心があり,利用のことを考えてはいないようだ。本は現実には備品扱いで,議員や理事者は貴重書の有無やその亡失を話題にする。図書館学ではこれをどう考えるのだろうか？

○ その仕事の本質を追究する分野と,その実務分野とは,並行して考え,お互いを豊かにするものであるはずですが,実際には難しいことです（3.1【34】コメント参照）。ここでは特に,図書館を図書館として運営するためのしっかりした裏付けがほしい,ということ,つまり図書館経営学の確立を望む意見と思います。実際,役所の仕組みの中に図書館の考えを持ち込むことは難しいでしょう。しかし,役所の一小部局が貸出係を務めているのではないとすれば,図書館経営のために,実務と図書館学とが協力するのが当然です。ちなみに「経営」については,五法則の第四法則がまさに経営学の中心課題だという評価もあります。

【43】 大学図書館の利用において,身分制度が残存し,本

の利用を阻害してはいないか？

○　大学図書館の身分制度とは，資料の利用について，独占的な権限を主張するグループがあり，それを特徴づけるのが身分だ，ということでしょうか。本来それは少ない資料を分け合うための便宜的手段のはずですが，特権的な考え方がいつかしみついてくるのです。ランガナタンの五法則は「それを考え直そう！」と主張します。

【44】 図書館員はその母体の職員であり，当局と他の部署との協調の必要がある。

○　確かに職員間の協調は必要ですが，まずわれわれが「誰の，何のために」働いているのか，という確認が必要でしょう。この問いかけは，その人たちもわれわれと同じく，地域の人々や学生，生徒，子どもたちのために働いていることを思い出させ，お互いに相手の仕事のことは知らないことも気づかせてくれます。そこから協調が始まるのではないでしょうか。

【45】 現在の状況では，今後若い世代が図書館に関心を持ち，図書館勤務を志望するかどうか不安に思う。

○　今そうした懸念はあると思います。一方，図書館にすぐれた司書を求める市民はだんだんに増えています。学校司書についても同様です。司書が生き生きと働くことで，まず子どもが，親が，そして教師が司書の media specialist としての役割を認識します。大学図書館でも司書は資料に関する学生の，教師の，そして職員のパートナーのはずなのです。人は，生き生きと働く人の仕事に注目をし，興味を持ちます。将来の図書館員を生み出すのは，社会の変化とともに，われわれの日常の努力も必要なのです。

【46】 現実にはサービスを落としても予算を削減しようとする。サービスと必要経費とのバランスが求められる。

○ これについて,経営学を援用した研究があると聞いたことがありますが,私はまだ読んだことがありません。公開書架の適正規模の問題や,その複数の分野別コレクションで構成される図書館,という発想がほしいと思います。

【47】 図書館の施設は,家具一つでも不十分である。利用者のことを考えていない。ランガナタンの言うように,絵画や肖像などを置くことには思い至らない。たとえば妊婦用のいすなどという発想も必要と思う。

○ 資料と,それを案内してくれる司書がいて,その上に使いやすい図書館家具があり,読者が「ここは私の来るところ」と感じるような図書館でありたいものです。それについて発言をするのも司書の役目ですが,建築家がそれを求めても,図書館員からの反応がないか,あるいはそれが許されない場合もあるようです。

【48】 「人間が本の敵」という表現があった。

○ 「人間が本の敵」というのは,古今を通じての事実です。戦争は相手のよりどころを破壊するのが目的だからです。さらに本とそのコレクションについての無知と無理解,そして無視による破壊もあります。人間が生きてゆくために,本と,そのコレクションと,図書館とがいかに必要かということを,常に主張し続けなければならないのです。

【49】 ランガナタンは,伝統的な勢力と戦い,迫害される中で,五法則を発見したのか?

○ ランガナタンへの中傷と迫害とは,図書館長就任とともに始まりました。それは嫉視・反感に加えて社会的状況も

あったようです。彼にとっては，五法則の発見と発表によって，戦うための理論的根拠を得た，というべきでしょう。

3.4 自分の仕事の反省として

【50】　自分の理解の表層性に気づき，ランガナタンの本質を見抜く目とそれに基づく洞察の深さに驚く。
○　表層的な理解はいつの世にも流行します。自分の知らないことについては発言しやすいからです。そういう中で自分の見方が浅い，と気づくことは貴重です。どうぞその見方をのばしてください。

【51】　今までの仕事と，今後の年数とを考えると，自分の至らなさを思う。
○　自分の至らなさに気づいて，どうしようかと思うことに，全く同感です。物事の奥行きがわかってくると，みんなそう思うのです。葛飾北斎は80歳になって「猫一匹満足に描けない」といって泣いたといいます。

　一方，ここ50年で，日本の図書館は格段に進歩しました。そのため，進歩と拡大に伴う，いわゆる growing pain も増えています。解決すべき問題も多く，かつ大きくなりました。お互いに一歩一歩が大切になってきたのです。

コラム その3 異なる分野に見る類似性

ナイチンゲールと図書館員

　図書館員は利用者のため，看護師は患者のために働き，自らの体験を振り返り考えながら成長する実践家です。図書館員がランガナタンの『図書館学の五法則』を読むように，看護師はナイチンゲール*の古典『看護覚え書』を読みます。ナイチンゲールの体験や観察を踏まえて書かれた約150年前の家庭看護の本ですが，そこに，看護とは何か，看護でないものは何かといった看護の仕方を考える手がかりがあるからです。病気は回復の過程，害毒や衰弱の過程から立ち直ろうとする自然の努力のあらわれで，この回復過程を促進するよう援助すること。また，患者の生命力の消耗を最小にして，換気，保温，音，食事，光，清潔など生活を健康的に整えて，生命力を活用するよう援助すること。こうした看護のものさしや実践の道標を体得し，考えてほしいとのナイチンゲールの願いが生きた言葉となっているのです。生命や健康を守る看護の目的は明確で，ナイチンゲールの論理的思考や，今にも通じる真理は，国や時代を越えた普遍性を持ち，看護の基本原則や拠り所を示しています。さらに，わかりやすく，ユーモアのある表現も魅力の一つです。読書会や事例研究会では，看護師の体験とナイチンゲールの鍵となる言葉の往復が，看護師の仕事への信念や継続の意思を動機づけ，看護師を励ます源泉となっています。

* ナイチンゲール（Florence Nightingale, 1820-1910）:誕生日の5月12日は「看護の日」です。

（大石　豊）

4章 第二法則《いずれの人にもすべて、その人の本を》

『歩む道』第2章

4.1 「第二法則とその苦闘」の今日的役割

【52】 この法則の前提として,「すべての人に教育を」という視点がある。「すべての人に本を」は,その視点が前提となることがわかった。これは成人後の再教育の必要性を説く今日の生涯学習と同様である。そこから,図書館は社会教育施設であることが確認できた。また,児童サービスや障害者サービスの基礎でもあり,今日的な重要性を持つ。

この大前提は歴史的にみると困難,危険,抵抗を伴う。

【53】 「いずれの人にもすべて」という表現から,住民・自治体と公立図書館の関係が見える。

(1) この Every person はきわめて幅の広い概念である。年齢,性別,階層,都市と農村,ハンディキャップの有無にかかわらない,全人類的視野に立っている。

(2) そこで第二法則は,図書館学と公立図書館とを,素直に,かつ確実につなぐ。

(3) 「いずれの人にも」から,その一人ひとりの考えとその表現の重要さへの認識が生まれる。それが図書館とつながり,格差の解消につながる。

(4) 第二法則の考え方は,電子ブックや,エスプレッソ・ブックマシーン(必要な知識を目の前で打ちだし,本と

してまとめる IT 手段)，インターネットなどの考え方と共通する面を持つ。
- (5) 第二法則の主張する機会均等は，図書館の枠を越えて，市民教育全体の機会均等に至っている。
- (6) そのめざすところは，とても高く，難しい理想だ。
- (7) 第二法則と第三法則とは，読んですぐわかった気になり，深く考えずに通過するという危険性を持つ。
- (8) 第二法則の補足（原著第8章）で述べていることは，現代の問題と直結している。第二法則は知的な女性として表現されているが，図書館員自身ではないか。

  この法則は，《すべての人に本を》という条件が達成されるまで休むことはない。それによって「成長する有機体」である図書館が活力を得，成長する。
- (9) 第二法則から現代を見ると，本当の意味で必要な教育・知識・本に出会うことを阻害しかねないほどの「情報」の氾濫がある。そこに情報の「強者・弱者」の問題も含まれる。

○(3) 船員サービスからの連想：米軍の基地には図書館を置くところがありました。兵士の教育とレクリエーション，除隊後の生活設計のためです。ある兵士は高等学校で進路指導の教師から，大学に行く力はないと言われて空軍に入り，そこで大学卒業資格を得，修士課程に進み，ついに流体力学の博士号を取って宇宙飛行士になりました。本人の努力とともに，兵士を教育する軍のシステムとそれを支える図書館とがあってできたことです。これによって退役軍人の中から，学者，研究者，法律家，図書館員が育ち，社会に大きく貢献しました。

(4) 電子ブックは，紙の生産と供給が困難で，出版産業や図書館サービスが十分でない開発途上国で普及すると思います。

(5) 第二法則と市民教育については『図書館のめざすもの』（竹内悊編・訳　日本図書館協会　1997）の「アメリカ社会に役立つ図書館の十二箇条」の「4. 個人の価値を尊重」の中で第二，第三法則を引用し「図書館界の巨人・S. R. ランガナタン」が提唱したとしています。

(9) この状態のために，読者が求めるものを的確に入手するための援助が必要になります。この観点から図書館の仕事を見ると，たとえば分類法は，ある範囲の本をまとめて書架上に置き，読者にその内容を比較検討する機会を提供しています。つまり読者は，読者自身が求める知識を含む本があるかどうか，またそれが自分に適切な表現と内容かどうかを比較するのです。分類法とはこういう図書館サービスの一つで，「1冊の本の書架上の一定点を定める」だけではないのです。

4.2 第二法則の個別的課題

【54】 読者について
(1) 体の不自由な人たちだけでなく，学習遅滞者についても言及していることに驚く。これは時代の変化にかかわらず，いつでも通じることである。
(2) 女性の読書普及についての言及が多いのは意外。
(3) 「上流人士と大衆」の節は，利用者に対する機会均等が大学図書館では果たされていない現状を示している。

(4) 館長の仕事とは，まず住民を知ることに始まる。そのことに深い共感を覚える。

【55】 動詞の省略：Every person … his or her book.
 (1) なぜ動詞をはぶいたのか？
 (2) その空白に入れる動詞を考えてみた。
　　reads, wants, meets, finds, searches, borrows, enjoys, etc. 日本語では，提供，選択，紹介，読書の権利を持つこと，など。どれか一つに決めるとイメージが固定する。動詞の省略が可能性を生むと感じた。
○(1) ランガナタンは，動詞を抜いたことの説明はしていません。令息に説明を求めたところ，言わなくてもわかることは言わないのが自分たちの習慣だ，ということでした。日本の古典には，数行にわたって主語を省き，しかも文章の理解に困難がないという例もあります。
 (2) この動詞はよく考えてくれたと思います。これによって，図書館への理解が万華鏡のように多彩になります。

【56】 「図書館の歌」
 (1) やや唐突な印象を受けた。
 (2) こういうものを探していた。広報に最適。
 (3) この中の Every という言葉は，民主主義そのもの。この点からの図書館業務の点検が必要。
○(1) インドの古典で，本文の後に詩の形で内容を繰り返し，文の意味を強調するという形式があります。おそらくそれに倣ったものでしょう。日本では，長歌の後に短歌をつけるという形もあります。
 (3) 「一人ひとり，そしてみんな」というのは，古代の哲人教育者が一様に重んじたことでした。ランガナタンは

1930年代のインドにおいて，読書を通じて一人の人の成熟と成長とを図り，そのための図書館の充実に努力しました。それが民主主義の理想の根本に通じるのでしょう。

4.3 ランガナタンの考え方

【57】 ランガナタンの信念
（1） ここから，社会や時代を捉えるランガナタンの目について知ることができる。
（2） ランガナタンの時代は教育・知識，本をみんなのものとするためにさまざまな困難を克服しなければならなかった。「その実現によって民主主義が成立する」というのがランガナタンの信念であったと感じた。
（3） 当たり前のことを当たり前にしようとすることの困難さ，そこにランガナタンの苦闘があった。

【58】 ランガナタンの人間観（『歩む道』p.46参照）
（1） 人は一人ひとり違った存在であることに基礎を置き，その相違をそのままに，すべてを包括する見方をした。
（2） ランガナタンの人間観とインドの人間観のかかわり。
（3） Man という言葉で男女を括ってしまう時代に，Person という言葉を使う先見性。
（4） ランガナタンには，いつでもどこでも誰でも，というユビキタス的発想があったのだろうか？
（5） サンバンダールの逸話は，博愛主義，人類愛だけでなく「天国の入口」が象徴することを含むと思われる。人間にとっては，Cultural creativity あるいは芸術的な生き方が本当の生き方かもしれないと思う。

○(2) ランガナタンは西欧的な人間観だけの人ではありません。インドの生命観・人間観に基づき，彼の教育体験，英国での見聞，その後の考え方を含めて彼自身のものを作り上げたと考えるのが妥当ではないでしょうか。

【59】 政治的本能
(1) この着眼のすごさ—自らの地位を守ろうとし，それを脅かす可能性のあるものすべてを排除しようとする，恐るべき本能である。
(2) 現在は，政治的本能よりも経済的ないし財政的本能が図書館を覆っていると見える。いつ政治的本能が復活するのか？ それはどんな形で現れるか？
(3) 支配層の自己保存の直感に阻まれて，図書館の存在が認められないという解釈に同感。真に民衆が賢くなることを求める時代は来ないのか？
(4) これに関連して，たとえば斉藤尚吾氏たちの読書運動に個人的興味を持つ。

○ 戦後の日本での政治的本能による排除は，1960年代後半からの図書館運動・文庫活動に対して表れました。斉藤尚吾さんの親子読書運動にも同様でした。70年代初期に図書館に関心を示した自治体の首長が進歩的政党とかかわりが深かった，という事情もありましたが，図書館要求がその地域の政治的状況にかかわりなく高まったことで，その反発は少なくなったと思います。子ども文庫活動では，親の政治的立場はどうあれ，子どもは子ども，文庫の仲間だ，という姿勢を崩しませんでした。

そのほか自己保存の要求から出たものに，学歴による差別や，読書人としての誇りなどがあります。これは，自分

の水準に達しない人の読書は認めない,という態度です。そういう人が図書館の委員になると,その図書館の方針が「誰でもみんなに」という路線を外れることがあります。

　戦争がなくならないことを考えると「人がすべて賢くなること」は期待できないようですが,それでも人の判断の振り子は揺れます。一つの方向に偏るとそれを修正する力が働くのです。それが世の中ですが,揺れのたびに「まともに考える人」の層が厚くなることに期待したいのです。それはそう思う人々の努力によると思います。

【60】　関連質問
（1）　ランガナタンは,移動図書館と自動車図書館とを使い分けたのか？
（2）　インドの女性が学術研究においても読書においても男性と平等な機会を持つというが,これはカースト制度の前のことなのか。
（3）　「すべての人に教育を」は,イギリスの産業革命の要請でもあったのか,スミスがマルクスに影響したように,五法則にも影響したのだろうか？

○(1)　ランガナタンはそのときできることをしたのです。つまり1930年代の南インドには,この目的のために自動車を使う条件はなく,それが整ったのは1957年でした。当時唯一の機動力は牛で,2頭を使い,本を積んだ荷車を牽きました。同様に世界の各地では,乗馬,馬車,自転車,駱駝,象,船など,その土地で便利なものを使いました。日本では明治時代に配本箱を背負って運んだ例があります。それがリア・カーになり,オート三輪になり,1950年代から自動車になりました。

(2) カースト制度には3000年の歴史があるといいます。その中でブラーマンやクシャトリア階級の中に，すぐれた女性の存在が意識されたことでしょう。学芸の神サラスヴァティは女性です。1910年にはバローダ王立図書館附設婦人図書館もできました。ランガナタンの時代には実例があったことでしょう。1966年に首相になったインディラ・ガンジー女史には，家柄や学歴のほかに，このような文化的背景があったかと思われます。
(3) アダム・スミスの影響：ランガナタンはスミスの著作から引用してはいますが，直接の根拠としてではなく，当時の英国の図書館を通しての間接な影響と思われます。ランガナタンの発想はスミスよりもインド的で，ヴェーダやラーマーヤナのほうが近いと思われます。ただ，インド的思考の表現の便宜上，西欧の用語や事例を借りる場合があると思います。

4.4 今後の課題

【61】 歴史を学ぶこと：それは思考の原点である。図書館員は各種のサービスの前提として，図書館［文化］史を学び，それを出発点とする必要がある。
○ 図書館サービスについて学ぶときの条件として，図書館文化史は重要です。しかしそれはどんな図書館がどこにあったか，ということだけではなく，人がどういう文化的条件のもとで生きたか，人と本とのかかわりはどうか，そしてそこにどういう図書館が生まれたか，などを，今も繰り返されるサイクルの一環としてとらえることだと思います。

もう一つの方法は，古典を読むことです。人が本に何を期待したか，それをどう読んだか，を考えるためです。たとえば中国6世紀末の学者，顔之推の『顔子家訓』，フランスのノーデ（1600-1653）の『図書館設立に関する意見書』や，米国の『公開図書館報告』（1876年）など。あるいは大きな仕事をした先人の著述や伝記を丹念に読み解くことも必要でしょう。

【62】　この法則を現実のものとするためには，図書館は，専門職員，独自の予算，選書，各種のサービスにおいて，図書館として企画し，実施できる組織とならなければならない。

○　2010年の全国図書館大会でも，この独立した組織としての図書館という点についての悩みが語られました。まことに困難なことですし，時間がかかりますが，少しずつでも可能性を探っていかなければならないことだと思います。

【63】　図書館サービスの効果は，数十年単位で現れる。その効果を測定するのにどんな方法があるのか，現在の短期的な効果を求める風潮に対して，どう対処したらよいか。

○　長い時間の流れの中での仕事を，どう測定するか，これは私には手が出ない問題です。それでも，長く図書館にかかわっていると，時間の流れの中での変化が見えます。いちばん大きいのは，市民で図書館に関心を持っている人の数が増えたことです。50数年前にはそんな人はいなかったといいたいくらいです。一般的には，それはお上の仕事であって，住民が口を出すべきことではない，という雰囲気でしたし，図書館主管当局もまたそのつもりでした。今日では市民が図書館に対して働きかけるとともに，新聞雑

誌，出版物で，図書館を取り上げることが増えました。図書館というものが人の意識に上ってきたのです。そして今日，学校図書館に専任の学校司書をおこう，という運動が，苦労をしながらも少しずつ成果を上げてきています。これはきわめて望ましい進歩です。こういう市民と歩調を合わせて図書館を振興しようという議員も各地に現れています。読書というものを冊数で測るべきではない，内容の理解を重んじよう，という考えも広がっていると思います。小さいときの読書環境とそれにかかわる人の考え方と努力が，一人の子どもの成熟と成長とにどう影響するか，ということも以前よりは詳細に研究されるようになりました。計量できることとできないこととの両方を踏まえた新しい考え方に期待をしています。

【64】 近くに公立図書館がないところでは，子どもにとって最も身近な図書館は学校図書館である。そういう地域の事情に合わせた図書館づくりや普及運動が必要である。

【65】 図書館に本を期待しない層に対するフォローは，どこまでできているのか。

○ ランガナタンはそういう人たちが本に関心を持つようになることに大きな努力をしました。牛2頭が牽く移動図書館を1931年に設置（『歩む道』p.216 図版参照）したのもその一例です。また，その人たちの生活の向上については「関係閣僚会議」（『歩む道』p.164〜171），新しいタイプの本の提供については第82節（p.121〜124）で述べています。それは，「一人ひとりを，読者となる可能性をもつ存在」としてみるからです。

【66】 「すべての人のための教育」を主張するインドでの人

間観の思想的根拠は何か，他の思想との間の一致と相違はどうか，それが今日の社会的・技術的変化の中で，何を示唆するか。その解明のためにインド，英国，日本の文化の比較研究が必要になろう。

○　図書館の基本理念の追求のための比較研究の導入は必要なことです。ことにこれからの世界は，今までのように欧米と東アジアの諸国だけで考えるわけにはいかなくなりました。それぞれの長い文化の上に立って，自国の図書館のあるべき姿を築くことになります。それには，互いの文化への敬意の上に立った比較研究が必要になってくるのです。

コラム　その4　インド人の人間観

インドからみた日本

　ランガナタンは次の章で，インドの学ぶべき国の一つとして明治維新以後の日本をあげています。確かにそのころの日本の変化と軍事的伸長とは，世界の人々を驚かせるのに十分なものがありました。ランガナタンの来日は 1958 年でしたが，日本という国を実際に見て，さまざまな思いを抱いて帰ったのではないかと思います。ちょうどその直前，56 年秋から 57 年初頭まで，第 1 回アジア作家会議がデリーで開かれ，日本からは堀田善衛氏が代表として参加しました。そしてその年の暮れに『インドで考えたこと』という岩波新書が出版されました。つまりここには，ランガナタン来日と同じ時期のインドが描かれていることになります。

　その旅の途中で，堀田氏はインド独立運動に参加して，たびたび英国によって投獄されたという老人に会います。その老

人の言葉をここに要約してみましょう。
「日露戦争以来、日本はわれわれの独立への夢の中に位置を持っていた。しかし日本は奇妙な国だ。日露戦争に勝って、われわれを鼓舞したかと思うと、われわれアジアの敵である英国帝国主義と同盟を結び、アジアを裏切った。工業建設をどしどし推し進めてわれわれの眼をみはらせてくれた。が同時にその工業力を、英国帝国主義と同じように使い、英国がインドに要求したと同じようなタナカ・メモリアル(対支二十一カ条要求のこと)を中国につきつけた。つい近頃では、米英の帝国主義を叩きつぶし、植民地解放をやろうとしてくれた。が、それと同時に、その旧植民地を日本帝国主義の植民地としようとした。不思議な国だ。戦後には、アジアで英国支配の肩代わりをしようとするアメリカと軍事同盟を結んだ。つくづく不思議な国だ」

私 — しばらく無言。

老人 — 私の答えを待つかのように、しばらく無言。

やがて

私「我々の国が、アジアの眼から見た場合、常にそういう二重性を帯びていたことを、われわれも承知している。……現在、この歴史的な習性ともなっている二重性から抜け出さなければならぬと気付き、そのために努力をしている人がたくさんいるということを、私は貴方に告げたい。」

老人「I will see it.」

(『インドで考えたこと』堀田善衞著、岩波新書、1957、p.55-56から引用)

私の同級生の一人も、この老人と似た経歴を持っていて、独立運動に参加し、英国官憲に投獄されたと言っていました。

この人もこの老人と同様に複眼的な思考をする人でした。私はこの人と堀田氏がしたような会話をすることはありませんでしたが、もししていたら、同じような答えになったかもしれません。そしてその結果何をしたのか、ランガナタンの考え方を理解しようというのも、その努力のうちの一つだと言ったら、彼は「I will see it」というでしょうか。

5章 第二法則とその浸透《いずれの人にもすべて,その人の本を》

『歩む道』第3章

5.1 この章について

【67】 原著者は五法則のうちで,第二法則には特に三つの章を充てて《いずれの人にもすべて,その人の本を》という状況を説明している。本章は,第二法則を基準として,各国の進度を測り,その発想の理由と図書館普及の結果とを示し,インドの状況と比較して,インド各州がなすべきことを指摘する。これは法則としての普遍性を確保する大きな視野である。

　この章では,五大陸から35の国を選んで図書館の状況を述べ,その中でチェコ,フィンランド,スエーデン,デンマーク,ハワイ,日本を挙げて,学ぶべき例としている。そのことに興味がある。

○　ランガナタンは,人が知識や情報を自由に入手して自分の生活を立てるのには図書館が必要だと考え,世界各国の考え方と努力とを述べ,それをインドの人たち,特に役職にある人々に知らせて,今後の進むべき道を問いかけ,その方法を述べます。それは戦前の田中稲城以来の先人たちの思いであり,1950～60年代のわれわれの焦りでもありました。

【68】 本章は,第二法則の権威をもって各国の図書館の発

達段階を判定したと思っていたが、そうではなかった。それぞれの国での図書館員の働きが述べられている。

○　ここで名前があがっているのは、第一次世界大戦後の混乱の中から民衆教育を盛んにした国々ですが、日本は幕末以来の躍進がランガナタンの関心を引いたものと思います。そして、1907年から1927年までの図書館数の増加のグラフを原著の1ページを費やして掲載しています。統計上はこういうグラフが描けるのですが、実態は名目上の図書館が多かったのです。そこで『歩む道』には掲載しませんでした（『歩む道』第3章、注10参照）。

【69】　比較制度論が世界的視野を持ち始めている。それとこの章とはつながる。ランガナタンの先進性を思わせる。

○　ランガナタンは、図書館の「学」を追究したのですが、それとともに、インドの将来を深く憂えていました。それが教育の振興であり、それを支える図書館でした。それを植民地時代から実践し始めたのです。

　比較という手法によって図書館を研究するのが比較図書館学です。大事な分野ですが、比較のための適切なデータの収集が困難なために、簡単ではありません。

【70】　ここには1930年以前の日本の図書館の状況が述べられている。1958年の来日は、この記述以後の日本の図書館の変化と、その基本的な考え方の把握が目的であろう。

○　この章での日本に対する期待からみても、日本の文化に根差した図書館観と、そこから生まれた図書館政策を見ることを期待したか、と思われます。それは今日なおわれわれの大きな課題です。

【71】　第二法則がフランスの図書館界で活動を始めたのは、

1970年代だと知った。

○ フランスの図書館と第二法則：90年代初頭，フランス文部省の高官が来日して，図書館情報大学を視察し「日本ではなぜこういう大学ができるのか，フランスでは考えられない」といったことがありました。フランスでの図書館員の専門性が書誌学や古文書学にあり，第二法則とは遠かった，という印象を受けました。

【72】 カーネギーが公立図書館建設を援助して2,509館に及んだという話は，きわめて印象深い。

○ カーネギーは1886年から1919年までに英語国の公立図書館2,509（うち米国に1,679館）の建築費を援助しました。これは米国の図書館サービスが「一人ひとりみんなのため」になるのに非常に大きな働きをしました。メルヴィル・デューイは図書館学教育と図書館員養成とのために資金援助を要請しましたが，カーネギーは，「図書館運営に人材不足があるとは考えられない」といって断りました。しかし後になって，自分の寄付がその自治体の住民のために有効であったかどうかを調査した結果，図書館の運営に大切なのは人であることを認め，図書館学の研究と図書館員の養成とに援助をするようになります。これも大きな貢献でした。

　しかし世の中では彼の意図はそのまま理解されませんでした。一代で財をなした富豪の記念碑建設と言われたり，労働者からの批判にも厳しいものがありました。その一部と日本での反応については，「コラム　その5」に述べました。

【73】 19世紀半ばに国民の識字率向上のために努力した国が，20世紀直前にはその教育がほとんど効果がなかった

という例が示されている。教育したことが忘れ去られてしまったのだ。これは大きな教訓を含むのではないだろうか。
○ 日本でも同様の現象が報告されています（「日本での逆戻り現象」『歩む道』第3章, 注3参照）。これは教育とはただ「教える」だけではなく,「自分でやってみる」ことと「その自発性を育てるための手段と環境」とが必要なことを示しています。学校で教えることをすべて覚えさせるのではなく, 何を選びとり, 自分で育てるのか, それを考えるようにするのが教育ではないでしょうか。

5.2 ここでのランガナタンの考え方について

【74】 ランガナタンは, 1920年代の世界的趨勢に基づいて図書館を考察している。日本でも, 英米の図書館の紹介だけでなく, 世界の動向の把握によって自国の状況をより客観的・相対的に理解すべきである。
○ 確かにそうありたいと思います。英語圏とドイツ語圏については知られていても, 図書館のことを考えるのに十分とは言えません。しかも図書館のことを知るのには, その国の歴史, 言語, 政治, 経済, 教育, 出版, その他の文化の事情の総合ですから, 厳密に考えるとたいへん難しいことです。たとえば図書館という概念にしても, 司書とかpublic libraryという言葉にしても, その実態は決して一様ではありません。今まではそれを承知しながら, 遠くから各国の状況を眺めて, 大まかな判断をしてきました。日本は, ヨーロッパ諸国に比べて, 多様な言語と文化とに接する機会が少ないので, やむを得ないのかもしれません。今

後はきちんとした方法論と，多様な語学力とによって，豊かな情報を得たいものです。若い世代への大きな期待の一つです。中国，韓国の図書館についても同様です。

【75】　ランガナタンは法則の普遍性をマヌの法典などインドに根差した思想の中に見いだしている。それによってインドの人々が五法則の一つひとつを自分で考え，発展させることを期待しているのであろう。五法則を発展させるのは，それについて考える人々であって，ランガナタンに人々が従うだけではない。

○　戦前もまた戦後も，日本は西欧の文化に「追いつき，追い越せ」という方針で進んできました。日本の教育は，「教えたことを記憶させるけれど，自分で考えることを教えはしない」といわれます。それならば図書館はいらないのです。今，各地で図書館を必要とし，それについて考える人たちが増えています。日本の図書館は，これからなのです。

【76】　ランガナタンがこの章を書くための資料収集はどのようにしたのだろうか？　彼が今生きていて同じ調査をしたら，どんな結果になっただろうか？

○　日本については一般的な英文概説書，新渡戸稲造博士の英文著作などのほかに，*The Statesman's Yearbook* とか，*Statistical and Historical Annual of the States of the World, 1864-*（日本の公共図書館統計はこの本からの引用）などのレファレンス・ブックスを使っています。戦後ランガナタンが国外に出るようになったのは，1948 年以後のことですから，それまでは文献に頼る以外にはなかったと思います。今日なお健在であれば，文献だけではなく，実態の裏付けのある調査をしたことでしょう。

コラム その5　図書館を2,509館も建てた人
カーネギーの図書館建設費援助

　なぜカーネギーがそんなにたくさんの図書館の作ったのかは『歩む道』のp.133～135で説明しています。それによって米国の公立図書館事業が大きく前進し,世界的な影響を及ぼしました。図書館数が増加するとすぐれた司書が当然必要になります。1890年,当時アメリカ図書館協会（ALA）会長であったメルヴィル・デューイは,図書館員養成の必要を説いて援助を要請しました。しかしカーネギーにはまだその必要性が理解できませんでした。彼が図書館員養成に援助を始めるのは1903年以降のことで,その後この財団の大きな仕事になりました。1915年には社会科学の研究者に依頼して,自分の寄付金が有効であったかどうかの調査をしました。その結果,公立図書館は米国社会で実際的および潜在的役割を果たすことに成功したこと,それ以後は建物の建設援助よりも,司書の教育・養成が必要だという報告を得,さらにその具体的方策の報告を求めました。この報告によって,図書館員の教育は大学院で行うことが主張され,図書館学の修士号を持つことが図書館専門職の基礎条件となりました。戦後に米国内と世界各国の図書館の振興と研究・教育の先頭に立った人材は,このカーネギー財団の援助による,大学院での新しい図書館学教育で育った人たちでした。カーネギーの援助の直接的および間接的効果は,まことに大きかったと言えましょう。

　しかしそれは今日からみての評価です。当時マスコミや労働界からの非難や中傷は激しいものがありました。ここに引用する挿絵はその一つですが,大火の後のデトロイト市にカーネギーが図書館建設費の寄付を申し出て,市側が困惑しているという諷刺画です。カーネギーはスコットランド出身のおしつけがましい富豪として描かれていますが,それは寄付の条件が非常に厳しく,自治体には大きな負担であったこと,

そしてその事業自体が彼の成功の記念碑とみなされたことなどが理由でした。実際，その寄付金を申し込む場合には，図書館にふさわしい位置と，将来の拡張のための十分な広さを持つ土地の確保，さらにカーネギーの寄付額の10％に相当する毎年の維持費の保証を求めたのです。この諷刺画では，デトロイトの女神が「この暑さでは，図書館よりもアイスクリームソーダがほしい」といっています。その右の絵は，好意的にとらえたものと思います。

　カーネギーのこの事業を日本にも，と考え，1900（明治33）年，東京市立図書館のために3万ドルを要求しようとしたのが，のちの立教大学長・元田作之進博士でした。1885年に渡米されたので，滞在中にカーネギーの寄付のことを知ったのかもしれません。もっともこの寄付は英語国を対象としましたから，申し込んでも選考には至らなかったと思います。元田博士の計画と同じ年に，大阪では住友吉左衛門氏が大阪府立図書館建設のために寄付をして，1904年に開館します。また，1902年には成田図書館（私立，千葉）と大橋図書館（私立，東京）が開館しています。東京市長が日本図書館協会に市立図書館の建設について諮問したのは1905年ですから，明治の民間人の視野は広かったというべきでしょう。

Carnegie Libaries. by George Bobinski. Chicago, ALA. 1969. p. 43, 89 から引用。

5章　第二法則とその浸透《いずれの人にもすべて，その人の本を》……59

6章 第二法則とその意味《いずれの人にもすべて,その人の本を》

『歩む道』第4章

6.1 第4章について—首長とその政策

【77】 図書館の考え方をよく理解して,市民の先頭に立って主張し,実現できる首長や行政マンの出現が望ましい。

○ かつての美濃部東京都知事や金大中韓国大統領がその例として挙げられます。シンガポールも同様な政策をとりました。首長の働きは大きいのですが,その人が交代するとその仕事が無視されがちです。この人たちに働きかけるのは必要ですが,有権者の少なくとも3分の1が「図書館は大事だ」と思うようにサービスをしなければと思います。そういう市民から議員が選出され,図書館政策が立つのです。

【78】 ランガナタンはレーニンが指導したソヴィエト連邦の政策を説明しているが,この時代には「すべての人に教育を」が重んじられていたという。

○ 当時のソ連邦:ランガナタンを始めインドの改革者たちの期待は,レーニンが指導したソ連邦でした。その政策には教育学者としてのレーニン夫人クルプスカヤの貢献も大きかったとされています。ただ,権力は人の考え方をいつの間にか別な方向に捻じ曲げることがあるのです。

【79】 前章に述べられた教育以前の状態への逆戻りから,

生涯を通じての学習が必要だという認識が生まれ，政策としての生涯学習が生まれる。今日の日本でも強調すべきことだ。

【80】 人は，学び続けなければ知識が身につかない。図書館員もまた，図書館のあるべき姿を主張し続けなければ，まともな図書館政策は立たない。

【81】 図書館システムを作り上げるための次の三つの調整手段に同感する（『歩む道』p.172）。
（1） 基本となる地域図書館の区域の設定。
（2） 図書館間の友好関係を深める。
（3） 相互協力の中心機関を，州（国）が設立し，運営する。

○ 連邦制をとる国では，州の権限が大きく，ほとんど国に等しいところがあります。国は，それらの州をゆるい紐帯でまとめているのです。住民が「政府」として直接意識するのは，国ではなく州のほうでしょう。

6.2 人は地域の財産

【82】 ランガナタンは，「人は地域の財産である」といい，その経済的価値を主張して図書館の必要性を説いた。これは説得力がある。

【83】 「図書館財政の経済学」：「人という富」という概念と，今日の「目先の効率性重視」とを前にして，図書館員としてどう対応するか，理論的に説明できるようでありたい。

【84】 「人という富」という表現：戦略的思考とわかりやすい説明の仕方との二つの点ですぐれている。それを「図書

館関係閣僚会議」での会話で説明する仕方も適切である。
○ 「人という富」とは確かに使いやすく意味も深いと思います。しかしその奥に、一人ひとりを大切にする人間観、教育観、社会観があって初めてその意義を実現できるのではないでしょうか。その意味でカーネギーの「富に対する信条」（『歩む道』p.134）を読み返す必要があるでしょう。

【85】 資金の調達：コミュニティの構成員全体が分に応じて負担するシステムとしての税金は、道路と同じことである。
○ 税金による現行方式が適切と考えるのであれば、それを人々が当然とするだけの説明を用意しておきたいと思います。「図書館法」で決まっているから、ではなく、なぜ「図書館法」がそう決めたかということです。

【86】 日本の図書館の充実：いずれ図書館税を採用し、住民自身が図書館を支えているという自覚を持ち、その意思が反映されるようにすべきだと思う。
○ 図書館税について、英米両国では一度決まった図書館税の税率を上げるために、館長の非常な努力を要します。つまり図書館税は、図書館経費を固定化し、低いままで抑える側面があります。日本では特定の目的のために税金を徴収する制度はなかったのですが、これからはわかりません。それとかかわることの一つに、物事をはっきり決めるよりは大まかに、という国民性があります。それでも有権者の3分の1が「図書館とは国民共通の知的基盤」という認識を持つために、図書館充実の努力が必要です。

【87】 カーネギーの考え方：人類の不幸をいやすためには、人の啓発が必要であり、そのために図書館が必要。その場

所と運営は自治体が確保する。この条件は自治体に厳しくはあっても、将来を見通したすぐれた考えといえよう。

6.3 関係閣僚会議

【88】 説明の方法として、わかりやすい。

【89】 いつの時代でも、世界のどこでも繰り広げられている議論の見本。

○ この説明が現在にも通用するとすれば、行政や政府高官、あるいは識者の図書館に対する考え方は 80 年にわたって変わらないことになります。ランガナタンの先見性と観察の鋭さもあるとは思いますが、こういう人たちの考えが変わらないのは、行政や教育の面で、人に対する考え方が変わらないことを示すのはないでしょうか。

【90】 図書館員は「教える人」ではなく「よいものを分かち合う人」。そして一人ひとりみんなが自立できるように働く人であることを、関係者が理解するように努力する。

○ ルイス・ショアーズ博士は 1960 年代の図書館界の国際的な指導者でしたが、図書館員の仕事を、トルストイの芸術論を引いて、人間が生み出したよいものを分かち合うこと、それが Art だ、と言いました。これは芸術とも技術とも違いますが、しかし両方の要素を含みます。私が師事した永田正男先生は、Art とは「彫琢の技」(宝石や木を刻み、磨いて、美を表現すること)と教えられました。これは、感性の錬磨と積み重ねられた専門知識と技術、さらに深い洞察に基づいて図書館サービスが生まれる、ということだと思います。

6.4 図書館員は何をなすべきか

【91】 図書館員は，誰のために図書館にいるのか？ 読者の成熟と成長のために働くのだ。

【92】 ランガナタンは，1930年代から，図書館とは「座して待つ」という仕事ではない，と言い続けた。

【93】 第二法則の実現を図るため，専門職として，個人および集団としての専門能力の向上を図る研修環境を作るべきである。納税者がそれを理解するためのPRも必要。

【94】 今の図書館は，第一法則と第二法則の間を行ったり来たりしている。つまり，利用と保存のはざまで揺れているのである。そしてすべての人といいながら，図書館の利用に不自由さを持つ人々のことは視野から外している。第二法則を図書館学の土台と考えたらどうか。

○ 図書館学の土台という点から考えてみて，第二から第四までの法則は図書館実務に足を置いています。その点では，第二法則は第三の，そして第三は第四法則の土台です。その視点をずっと後ろに下げると，第一法則という土台が見え，さらに「見えざる法則＝すべての人に教育を」が見えるはずです。

　しかしこれは，土台から上へと積み上げる直線的な見方での説明です。この五法則は，第五法則に至るとまた第一法則に戻るのです。つまり，矢のようにまっすぐ目的に向かって飛ぶのではなく，回転しながら目的の達成を図るという考え方です（本書10.5「④　五法則の循環」参照）。

【95】 本の選択：それは「読者を知り，彼らの要求を理解し，予測すること」だという。『歩む道』p.178の予測には，

選んだ本が読者にどう影響するか，他の読者がまたその本の読者になるのか，などが考えられる。この「予測」という視点の展開は興味深い。

○　本の選択についての「予測」は，本が入る前から始まっています。この本を選んだら誰が関心を持つかを考えるでしょう。それは特定の個人を手がかりとして，同様な反応を示す人たちを予測します。そこから本と人とを結ぶさまざまな手法が見えてきます。また，もしその本を入れなかったら，その人たちの要求はどんな本によって満足させられるか，も考えるでしょう。そしてその本が入った後で，また予測の修正があるでしょう。この予測とは，そういう意味ではないかと思います。

【96】　図書館員として思うこと
　（1）　図書館の効果が表れるのも，サービスの確立も，数十年単位の長い仕事。現場の地道な活動がそれを支えると信じたい。その中で自分は何をなすべきか？
　（2）　地道に行うべきことのまともな永続は難しい。
　（3）　Every の意味を常に考える。Ａさんは利用者として何を考え，Ｂさんは何を求めているか，そして All を忘れないこと。

○　大きな見方をすれば，この仕事にはゴールはないといえましょう。昨日より今日は少しはましな仕事をしよう，と思うほかはありません。ただそれが，人の成熟と成長にかかわっているかどうか，ですが，それもすぐに見えるとは限りません。目の前の仕事の処理に追われて，遠くを見るゆとりがないのが，実務というものでしょう。

　それはわれわれがかかわる「人が生み出した記録媒体の

世界」が途方もなく大きく、それを使う人もまことに多様であり、それに限られた予算と能力で対応しなければならないことから生まれる問題です。それは、自分の仕事について省察をしながら進めていく人みんなの共通の思いです。問題意識を持ちながら、一歩一歩自分を作っていくことで、いつか道が開けると思います。

6.5 レファレンス・サービス

【97】 図書館のすべての仕事を総合して、「一人の利用者を援助する」仕事。従来の参考調査の考え方とは違った視点がここにある。この考えは深めるべきである。

【98】 みんなが自分の本を見つける力を養うための積極的援助である。

【99】 テクニカル・サービスとしての側面と、パブリック・サービスとしての側面とを持つ。これは重要な点であって、この両面が共通の目的を持つことを理解する必要がある。

○ 従来とは違った視点：レファレンス・サービスをただ質問に答える仕事と考えると、第四法則が形骸化してしまいます。図書館機能の総合という視点はきわめて重要で、選書から貸出までのすべての仕事がかかわりを持つのです。そしてこの第四法則は、図書館の利用者からみた理想像という形で、図書館のあるべき姿を実に簡潔に描き出しているのです。

6.6 読者の義務について

【100】 この法則は図書館員のためのものとばかり思っていた。しかし「すべての人」の中には当然読者（子どもを含めて）がいて，読者自身の義務があることを知った。それを知らせることも「図書館員の義務」の一つかもしれない。

○ 図書館はサービス機関だから，利用者は好き勝手なことをしてよいと考える人もいます。読者と図書館員とは，わかりあっているようでいて，なかなか通じ難いものです。そこに橋をかける努力が必要なのです。

【101】 「図書館員の義務」と「読者の義務」とを，興味深く読んだ。

○ 読者の義務についてわかば文庫（西東京市）の長谷川幸男さんは，文庫だよりに「公共の財産を利用するためのそれなりの［約束］をかわします」と書いています。チャールズ・M. シュルツの漫画『ピーナッツ』には，図書館のカードをはじめて持って帰る子どもの誇りが描かれていますが，これは約束をかわせる人間として認められたことの誇りではないでしょうか。

【102】 図書館の利用者として「図書館を使うのは自分一人ではない」という認識が必要である。そのことを利用者に知らせるのには，どうしたらよいのだろうか？

【103】 利用者の義務は，税金で図書館を維持することとつながる。利用のマナーを求めることは，図書館員が義務を果たすことと同様に強調されるべきこと。ここに利用者と図書館員の接点があり，両者がともに成長していく契機がある。

○　利用者もまた，図書館サービスを分け合っているのだ，という気持ちを共有したいと思います。図書館が保存を目的とした時代には，それを読むためにお上に許可を願わなければなりませんでした。今は違います。それを使うことは，基本的人権の一つであるとさえ考えるようになったのです。だからこそ，みんなでそれを支え，それを分け合うのです。みんなのものですから利用者も図書館員も，それぞれに果たさなければならない義務を生じます。その認識から相互理解が生まれるのではないでしょうか。

【104】　規則を考えるときにいつも悩む。声の大きな利用者や，業務の都合に引きずられがちである。

○　利用者にとって都合のよいことは図書館員にとって手間がかかることです。そのバランスを取るのは難しい。そして規則の数は，多いよりも少ないほうがいいのは自明です。目的を考え，目的達成のために最小限の規則を作り，それをわかりやすい言葉で表現しようと努力するのが，われわれの仕事の一つといえましょう。

【105】　図書館の規則は，個人の利益と他者のそれとが大きく背反しないように，調整する役割を担っている。具体的には，誰かが借り出したために，他の人が読めなくなることを極力避けようとする考え方である。自分の図書館では冊数制限がないので，この考え方から自館のやり方を再検討してみたい。

○　貸出冊数制限をしていない図書館で，次のように言うところがあります。「貸出期間は2週間。2週間で読めるだけの本を借りることができます」。これはとてもフレキシブルな姿勢ではないでしょうか？

コ ラ ム その6　図書館員の持つ人間観

いつでもすぐに曲げられる膝

　本書 3.2 の【38】(7) に,図書館員が「いつでもすぐに曲げられる膝を持つ」とあります。それが下のイラストです。これはアメリカ図書館協会児童サービス部会のニューズレター(1994 年 4 月号)から引用しました。
　これは「児童図書館員」となっていますが,本質的にはどの館種の人にも通用することだと思っています。

児童図書館員にささげる
ジョーン　ロビンソン作・画
(竹内紘訳)

① 目:どのページにもすぐにウォーリーを見つける。
② 耳:ティーンたちの 言葉を英語に翻訳。
③ 力瘤:どこに行くのにも 27 冊の本を持って行ける強さ
④ 大きなポケット:見つけたものは何でも入れる。野球選手のカード、ジグソーパズルのピース、宿題も!
⑤ 生活能力:給料が安くても生き抜く。
⑥ 頭:必要に応じて いつでも　ナルニア国物語 7 冊の順序を　きちんと書ける。
⑦ 鼻:いつでも勉強に突っ込んでいる。でも後、書評誌を 37 冊　読まなくちゃ!
⑧ 微笑み:困ったなと思う本を要求されても、微笑み返せるゆとり
⑨ 親指:なんでもかかってこい!
⑩ ひざ:小さい子と目と目とを見合わせて話せるように、いつでもすぐに曲げられる。＊
⑪ ランニング・シューズ:赤ちゃんのためのお話の時間から、予算委員会に行って予算を要求。

＊　これが図書館員として一番大事なこと。人から人へのサービスの基本です。

6章　第二法則とその意味《いずれの人にもすべて,その人の本を》

7章 第三法則《いずれの本にもすべて，その読者を》

『歩む道』第5章

7.1 第三法則について

【106】 第三法則は第一法則が本に対する伝統的な考え方「保存のための保存」から「人の成熟と成長のために使うもの」に発展させ，それがどのように実現しつつあるかを第二法則で示した。第三法則に至って「本」の立場からその実現を図った。原著者の構成の見事さに強い印象を受けた。

【107】 これは「本たち」が適切な読者に会える場，「本」として存分に働ける場のことであって，そういう環境を整えることをいう。第二法則に比べてわかりにくかったが「本」が働きやすい条件を作ると考えることで理解できた。

【108】 ここからは選書の重要性を再認識した。一つの自治体に複数の分館がある場合は，それぞれの地域の特性に応じながら，全体のためのコレクションを構成するために，図書館組織全体での集中選書が効率的かつ効果的であろう。

○ 分担収集や分担保存は今までにも検討されていました。基本は，あるべき本はどこにでもあり，その上にその分館独自の性格がはっきりしていて，ある主題がそこに集中することを正当化し，相互協力と物流がスムーズに行われる条件が必要です。面展示（Face-out）を実施したボルティモア郡立図書館では当時24館あった分館担当者が集まって，

協議しながら集中選書をしていました。地域を知っているという強い意識に支えられていたのが印象的でした。

【109】　さらに広報も重要である。利用者が本からの発信を聞くためには，自分の中に受信機を持つからであり，それは図書館の広報によって準備されるからである。

【110】　われわれもまた利用者と本とを結ぶために，新刊書棚や特定のテーマの書架を置き，さまざまな活動をしているが，『歩む道』p.212の注1の主張に添えるかどうか自信はない。

○　新刊書棚や展示用書架は全国に普及していると思います。しかしその結果，図書館はそうするものだという考えを図書館員が持つようになり，なぜそれをするのか，どうしたらその本からの発信を読者がはっきりとらえ得るか，ということに関心が薄いのではないでしょうか。われわれに不得手なことの一つですし，また忙しさの故でもありましょう。かつて長崎県のたらみ図書館を訪ねて，読者に語りかける展示の見事さに驚きました。その町在住の美術専攻の学生と，図書館員との合作でした。

【111】　本と読者を結びつける，読者が資料を活用しやすくするなど，自分たちの仕事の深さが心に刻まれる思いがする。心ある図書館員ならば，発足当初から利用者のことを思いながら仕事をしてきたと思う。最近の忙しさがそういうきめの細かさを押し流してしまったのであろう。自分の仕事を省みて『歩む道』を読み進めるのを苦しいと感じた。

○　ランガナタンの図書館活動の初期には，図書館サービスという考え方が十分に行き渡らず，年長者が年下のものにサービスをするのを嫌う雰囲気もあったようです。そのと

きランガナタンの苦闘を助けたのは，若い館員やアルバイト学生でした。新しい考えは，既得権を持つ人々の地位を危うくするものと見なされるのでしょう。

【112】　この法則からランガナタンの「本」というものへの思いの深さを感じる。「本」とは著者の思いを多くの人たちの手によって，モノとして存在するようにしたものである。その「本」を図書館員の工夫によって読者の手に届ける。この仕事の意味をランガナタンは体全体で知り，図書館でそれを実現すべきだと考えたのであろう。

7.2 ランガナタンの先見性

【113】　経済界の動向を見据えて図書館サービスの必要性を説き，「本」という形から本や雑誌の中のパラグラフ単位への移行を説いたことは，先見の明というべきである。

【114】　ランガナタンは日常生活から経済活動まで，非常に広い視野を持っている。この広さと多角的なものの見方とが，この本の随所に現れている。

【115】　ランガナタンは潜在的読者をかなり意識していると思う。それが選書にも広報にも表れている。

○　潜在的な読者は，「一人ひとりそしてみんな」の重要な部分だからでしょう。

【116】　ドキュメンテーション・サービスを，大学だけでなく公立図書館でもしようと考えたのだろうか。日本の現在の大学図書館では利用者をその身分によって差別するようにみえる。大学にいるすべての人にこのサービスを及ぼすことは難しいように思える。

○　ドキュメンテーションは公立図書館でも行うのか：そうだと思います。ランガナタンはドキュメンテーションを図書館サービスの自然な発展としていて，館種によるサービスの別とはしていません。しかし図書館規模の大小によるサービスの違いがありますから，大規模の公立図書館の仕事，あるいは地域の連合体を作って分野を定め，相互協力をすることを考えていたとは思います。

　コンピュータの導入によって，図書館利用上の特権の主張は力を失うのではないでしょうか？

7.3 開架制について

【117】　本と人との直接的な出会いを増やすために，閉架式から開架制に移行したと言えよう。

【118】　その革新性：本と人，そして人と本との出会いの場であり，ブラウジングから思わぬヒントや解決が得られることがある。その経験は貴重である。

【119】　眠っていた本に新たな息吹を与える図書館員の仕事の場である。これは，排架法や再配置，ショウケースへの陳列，年間の展示計画などがかかわってくる。

【120】　開架制は，第一法則の大きな理由ではなかったか？

○　開架制と第一法則のかかわりが深いのはその通りです。しかし第一法則は五法則全体についての序論で，具体的なことは各法則のいちばん適切なところで説明しています。つまりここは，「本」が読者に語りかけるいちばんの場所，という角度から図書館を説明しているのです。

【121】　入口から近いところに見せたいものを別置する考え

と，もっと奥に，という考えとがあるのではないか。
○　これには二つの考え方があってよいのではありませんか。1960年代のアトランタ市立図書館では，マーガレット・ミッチェルの展示室を図書館の奥に置いていました。そうすると観光客が図書館の奥にまで入ってきます。入口の近くに移そうという館員の意見に対して，当時の館長は，「観光客も地元に帰れば図書館の利用者であるし，図書館協議会の委員であるかもしれない。そういう人たちが図書館の奥にまで入ることで，今日の図書館のさまざまな働きを見ることになる。そしていつか自分の図書館はこれでいいのか，と思う日が来るだろう。その日のために奥に置いているのだ」と答えたといいます。

　これは図書館そのものに語らせるという点から，第三法則の実践といえますし，また，館長の深謀遠慮ともいえましょう。そのころの建物の制約もあったと思いますが。新築後は，入ってすぐの，貸出もレファレンス・サービスも見えるところに大きな展示ケースを置いて，目玉的なものをそこに置き，研究的なものは別室に展示しました。どちらかでなければならないのではなく，見せたいものと，見たい人との関係で判断すべきことかと思います。

【122】　この法則から考えて，書架整頓よりも，再配置や掘り起こしが大切ではないか。要は「本を見せる」ことである。
○　図書館は，その本の存在を知らせることに力を注ぐべきだ，というのはその通りです。ここでは，書架整理が単純作業とみなされ，その意味を考えず，機械的な仕事になっていると指摘しているのでしょう。何のために，というこ

とを考えれば，書架整頓も，再配置も，掘り起こしも，みんな連動して，第三法則の実現にかかわるはず，その上書架整理は，自分の知らない本を知るいい機会なのです。

【123】 本の「亡失」という短所と「誰でもたやすく手に取ることができる」という長所とを比較する視点は新鮮であった。マイナス面の指摘よりも，広い視野で見ることが必要である。

○ 視野といえば，外国の図書館員の書いたものに，反省の言葉として，「図書館員は何をすべきかよりも，何をしないで済ますかという理由を見つける能力に優れている」というのがありました。これは決して図書館員だけのことではなく，他の分野にも共通のことかもしれません。両面を見て考えるのは手間も暇もかかりますが，それを見ずに成長は図れないでしょう。

【124】 禁帯出ラベルよりも館内ラベルを，という提案（『歩む道』p.190，注8）はすぐに実行できた。そうしたら，禁帯出にしなくてもよい本を禁帯にしていたことを発見した。

7.4 図書館の普及サービスと広報

【125】 来館する人を待つだけでなく，潜在的利用者が図書館の存在に気づくような活動が必要。社会教育，生涯学習の面からも再認識したい。

【126】 図書館の本質を正しく伝えるためには，広報が必要。それは今後記録媒体がどんなに変化しても不変である。特にランガナタンは，図書館の本質を，人と教育とのかかわりにおいてみているからである。

○　館長が広報を担当するのは，館長が，図書館員として，人と地域，本のこと，図書館の働きをよく知っている人であるはずだからです。本当にそうなればいいと思います。図書館で広報がそれほどに大事だというわけは：
（1）　本と人とをつなぐため。
（2）　地域の人々と図書館の間にある「暗くて深い川」に橋をかけるため。
（3）　図書館とは，生きて活動している存在であり，それは一人ひとりのためであることを知らせるため。

【127】　さらに図書館の外側にいる人々を呼び込むために，新聞・雑誌・その他の媒体によるPR活動がある。館員の手が足りないときには，館長が広報を担当すべきだというのは，「目からうろこ」の発想であった。

7.5　レファレンス・サービス

【128】　単に利用を待つだけでなく，より積極的に本と読者とを結びつけるために，人による，人のためのサービスとしてレファレンス・サービスがある。この「人と資料を結びつける手段」という見方が重要である。

○　本と人とを結ぶ：レファレンス・サービスは，読者が持ってきた問題を解決するための援助，ということが強調されてきました。しかしランガナタンは，それを本と人とを結ぶ仕事だ，と考えました。問題の解決だけに重点を置くと，図書館の仕事が目録は目録，分類は分類，となって，それぞれの目的を追求して終わりがちです。ランガナタンが英国の図書館を見学して「改善への意欲はあっても，他

の仕事への関連性は見られない」(『歩む道』p.55) といったのはこのことだったでしょう。図書館とは本と人とを結ぶところ、その具体的な表れがレファレンス・サービスだ、と考えると、そこから目録法・分類法などそれぞれの仕事が基礎になって、レファレンス・サービスが成り立つ構造が見えてくると思います。

【129】　このサービスは、本を媒介として読者の思考や調査の展望を広げる仕事である。このことはもっと強調されてよい。すぐれたレファレンス・ライブラリアンは、問題の直接的な解決だけでなく、読者の新しい可能性や、より広い世界の展開に気づかせるような応対をする。それは司書としての一つの理想の姿であり、その教養と研鑽とを示すものである。

○　すぐれたレファレンス・ライブラリアンは、読者が解決したいと思う問題を、その人が考えているよりももっと広い「本と情報の世界」の中に置いて、それを解決する糸口を見つけます。それは図書館と他の分野とに関する専門知識と、人の問題解決を助けてきた能力とセンスの総合的な仕事です。たとえばランガナタンのコロン分類法についての授業は、学生としては一つの分類法の説明として受け取るだけかもしれません。しかし現場に出て読者の問題を解決するときにこの考え方が具体的な方法として立ちあがってくるのです。それは、提起された問題の「面の分析」つまり問題解決の切り口の発見をするときに、そのテーマの、P (Personality：そのテーマの本質的な性格、人格とも) M (Matter：ものとしての性質) E (Energy：そこに働く力) S (Space：地域) T (Time：時間) を見つければ解決が早

く得られるでしょう。そういう実務上の問題は，司書課程の各科目で学んだことを自分で再構成することと，他のレファレンス・ライブラリアンの仕事とから学ぶことができます。この二つは貴重です。

【130】　また一方でランガナタンは，レファレンス・ライブラリアンの仕事を旅行業者のそれに例えていたが，興味深く，またわかりやすい表現だと思う。

○　なぜ旅行業者かといえば，そこには面白いものがあることを人に知らせ，行ってみたいという気持ちを起こさせるからです。図書館員は，本や学問の世界について，そこに面白いものがあるから行ってみよう！という気持ちを起こさせ，次に，どういう経路をとったらそこに行けるか，を示す人だ，といえましょう。

　近年では宇宙船のナビゲーターに例えることもあります。

コラム その7　五法則の構造について

五法則のイメージ

　五法則を考えるのに,五段重ねの重箱をイメージしてみたらどうでしょうか。そこにはおいしい料理がぎっしり詰まっているのですが,その重箱ごとに,一の重,二の重などとラベルが貼ってあり,中身の特徴も書いてあります。だから,重箱の中身を知ろうとするときには,まずそのラベルと特徴とを読み,全体の見当をつけることになるでしょう。

　次に一つひとつの重箱の中身の点検に入るわけですが,それぞれの中身は,三つの素材を調理したものであることがわかります。その素材とは,図書館員,資料,読者です。

　そこで今度は,五つの重箱の中に,この三つの素材がどのような形で調理されているか,それを検討する段階に入ります。その視点がラベルにある言葉ですが,その簡単な表現を五つの箱全体という眼で見ると,実はさまざまに深い意味を持つことが見えてくるでしょう。それを総合すると,この重箱全体の中身がわかることになります。

　そうすると,一段目から五段目に至る重箱の中身を全部味わってしまったら,それで終わりなのでしょうか？

　第五法則は「図書館は成長する有機体である」といっています。図書館は一つの重箱の中にきちんと納まっているものではなく,それは今も調理中であり,次々と新しい形の料理が付け加えられるのです。そこで第一から第五法則に至った図書館のためには,もっと大きな重箱が用意されているのです。そしてそこには,最初の図書館像よりはもっと進化した図書館の姿があり,それとともに図書館が解決しなければならない問題もまた数多く含まれています。

　五法則という重箱自身が次々と進化を遂げる,小さな重箱からより大きな重箱へとつながっていく。そういう可能性をこの「図書館学の五法則」は持っている,と考えるのは,どうでしょうか。それが「有機体としての図書館発展と,学的研究のスパイラル」なのです(本書「10.5　五法則の理解のために」③,④参照)。

8章 第四法則《読者の時間を節約せよ》
『歩む道』第6章

8.1 第四法則について

【131】 時間に着目したランガナタンの鋭さ。それを図書館という空間と蔵書，それを利用する人，本と人とを結びつける図書館員を考察するのに使っている。

【132】 これは図書館の役割を端的に示す言葉の一つ。選書から始めて目録法や分類法，レファレンス・サービス，ネットワークなどは，この第四法則を実現するためにある。この法則の視点は，図書館の仕事を一つの焦点に結ぶことにある。そしてそれが利用者からみた図書館の理想像であることを忘れてはならないであろう。

【133】 われわれも利用者にわかりやすい資料配置を考えるとか，記事検索や文献目録を駆使して，レファレンス・サービスを行うことを中心に考えているが，実のところ，それらがすべてこの法則の実現を目指して統合されるべきだとまでは考えてはいなかった。

【134】 これは図書館の仕事全般にわたっている。五法則に示されたこの手法を現代のものに置き換えて，同じ視点で検討すべきである。

【135】 これは私にとっていちばんわかりやすい実務の目標であり，かつ図書館の意義の主張でもあった。今回，開架

制から貸出に至る図書館の仕事のすべてが第四法則の実現を支えることが理解できた。

【136】　この法則から考えると，図書館の仕事を根幹業務（レファレンス・サービスなど）と非根幹業務に分け，その一部に業務委託を導入することは，必ずしも否定されるべきことではないと思われる。

○　私見では，根幹業務と非根幹業務とを仕事の種類によって分けるのを不思議に思います。一々の業務の中に根幹と非根幹とがあり，根幹の人が後進を育てることで，仕事がスムーズに行われると考えるからです。大事なのは，一人ひとりがその仕事の意義を理解し，同じ目的のために働く意欲を育てることです。それが経営管理の要点ではないでしょうか。その総合の上に，図書館サービスが組み立てられるのです。

【137】　これと第二，第三法則の実現を図ることとの大切さを把握する必要がある。

【138】　現実には，より少ない人数での運営を強いられる懸念はないか？

○　以前のカードによる貸出は，貸出冊数が増えるにつれて，図書館員に大きな負担をもたらしました。図書館は機械化によってその負担を軽減し，その力をレファレンス・サービスの充実に使おうと考えていました。しかし自治体の方は，人手を減らすことが目的でした。それはコンピュータの導入という大きな出費への対応でしたが，その後もますます人員削減が続きます。一方，貸出の増大は「誰にでもできる仕事」と見なされ，それが大方の図書館像となりました。この改善のためには，図書館に対する住民の理解を

広げなければならないと思います。その理解は，日常のサービスに対する住民の信頼感から生まれます。それによって「人が生きるために役立つ図書館」という思いが社会に定着するのです。この仕事は交通機関の整備・点検と同様，社会をその基盤から支える仕事ですが，それが正当に評価されるような努力も必要だと思います。私たちが今，ランガナタンを通して「図書館とは何か」を学ぼうとしているのも，その基盤を確かなものにしようとしているからです。

【139】　図書館内部の組織を検討するためには，病院での実践例が参考になると思われる。たとえば聖路加国際病院では，医療の質を測定し，改善を図るための先端的な試みを実施し，各部署における患者の待ち時間の大幅短縮によって，その満足度の向上を図った。

○　図書館のことを図書館の中だけで考えず，別な分野との比較によって検討することは必要です。これは「汝自身を知れ」ということ，つまり図書館員が自分を病院の患者の位置においてみることで，病院のあり方が見えてくる，その見方を図書館に置き換えようということです。

【140】　読者の時間を節約するとはレファレンス・サービスの効果的実行だと思ったが，それだけではなかった。

○　これは読者の立場からする図書館の理想像と考えられます。図書館の仕事を「本と人とを結びつけること」と考え，それを実現するための具体的指標として「読者の時間」という視点が導入されたといえます。そしてそれは，選書から貸出に至るすべての図書館サービスが緊密に組織され，一人のために資料を提供するという図書館員の強い意欲に支えられて初めてできることです。そう考えると，これは

8.2 第四法則の実現

【141】 図書館サービス計画を立てるのは,地域や自治体をよく知り,読者の潜在的ニーズを把握するのが基本。その方法は変わっても,その視点は変わらない。

【142】 図書館の立地:歩いて10分の範囲内に一つ分館を作り,それを市全体に及ぼすこと。浦安市はそれを実行し,市民から高い評価を受けた。この立地条件は,第四法則からみると,Time is life であるとも感じられ,読者の人権をより重んじる姿勢と思われる。

○ 今日の1中学校区に1図書館を,という考えは,人の生活圏を1単位として考えています。これによって第一法則実現への根拠が整うことになります(「豊かな文字・活字文化の享受と環境整備−図書館からの政策提言」日本図書館協会,2006年10月 http://www.jla.or.jp/Portals/0/html/kenkai/mojikatuji200610.pdf)。

8.3 レファレンス・ライブラリアンとテクニカル・サービス

【143】 読者との調査・相談の過程で,読者の時間を節約する手段についての視点が開ける。これは図書館員にとっても大事なことである。

【144】 米国ではこの仕事を Art と見る考えがあるという。なぜそうなのか理解できなかったが,今回わかった。

○　これは，ルイス・ショアーズ博士の「図書館の仕事（librarianship）はArtだ」という言葉からでしょう（「コラム　その8参照）。この場合のArtの意味は6.3【90】で説明しました。レファレンス・サービスがArtとは，一人ひとり違う読者の問題に，考え得る限りの適切な助言をする，つまり人間の持つ最高のものを手渡しするからでしょう。これを短時間のうちに適切に行うのには，研修の上に経験を積む必要があります。さらに日常の仕事を通して，この仕事の意義を体験的に人々に知らせていき，レファレンス・ライブラリアンとは大切な存在なのだ，という共通意識を育てる必要がありましょう。

【145】　その大切なレファレンス・ライブラリアンの人員が確保されていない。全国的な対策が必要。

【146】　テクニカル・サービスは，読者が求める本を，より的確に手にするための手段である。それは，目録，分類，および展示，排架の工夫を含む。この重要性は第四法則に照らして考えることで明らかになる。現在では調査支援能力が重視される半面，その基礎を作る目録法，分類法の基本の習得が閑却されている。それは本そのものへの知識と，コレクションの構成についての基礎的訓練に欠けることであり，その上に築かれる調査支援の能力に不安を覚える。

○　目録法や分類法は，その図書館が持つ「本」を探し出すための大事な道具です。しかしそれだけではなく，人間の感覚・思考・行動の記録を分析し組織して「知の宇宙」を形成するための貴重な手段だという認識が必要です。これは，図書館学教育の問題でもあるとともに，館内研修の大きな主題となるはずのものです。

8.4 図書館員の仕事について

【147】 第四法則を実現するためには，図書館員は読者の様子をきちんと観察して，問題点をとらえる観察力と，その解決方法を考える発想力，それを実行に移す行動力とを持たなければならない。事務室に閉じこもっていてはいけない。

【148】 読者の時間の節約には，職員の時間の節約も大事。まだまだやることはたくさんある。単なる機械化だけが時間の節約ではなく，人による，人のための援助をいかに適切に行うべきかを考えるのである。機械化によって時間の大幅な節約ができた面があるが，内的充実という面では，失ったものがある。図書館員が本を知るための訓練の機会を失い，ネット検索を万能と信じ込むのがその一例である。

【149】 自分が他の図書館の利用者として，当たり前のサービスと思うことの背後に，どれだけの歴史や努力があるのか，この読書会で知ることができた。本当は「みなさん，ありがとうございます」といって受け取るべきサービスなのであった。

【150】 「本」と読者とが，それぞれの役割を十分に果たし得るようにする仕事，つまり図書館のなすべきことは，山ほどあり，「外からは些細に見えること」をやりぬくことが図書館実務なのだ，と教えられた。

○ ランガナタンも，石井桃子さんも，また小寺啓章さん（兵庫県・太子町立図書館前館長）も同じことをいい，それを実践してこられました。遠くを見ることと足元を固めることの二つが不可欠なのです。難しいことですが。

コラム　その8　最高・最適のものを伝える仕事

図書館サービスは Art

　ショアーズ博士が図書館の仕事を Art だと言ったのは,トルストイの芸術論から来ています。トルストイは,人の前で歌を歌って賞賛を受けるのが art ではない。人間が生み出した最高のものを人に伝える仕事が art なのだ,と言ったのです。ショアーズ博士にその意味を尋ねたところ「君はセイジ・オザワが指揮をする音楽会に行ったことがあるか。あれが Art だ」と言います。さっぱりわかりませんでした。この疑問を持ったのは,この先生のもとで勉強をしていた 1964〜65 年のことでした。それ以降折に触れて考えていて,いつか先生にその質問をしようと思っていました。その機会がとうとう来て,ご自宅にうかがったのは 1977 年のことでした。そしてこの答えを聞いたのです。12 年温めてきたことの答えがこれか！と茫然としました。でもそれは,「この意味を考えなさい」ということだと思い,深く頭を下げて辞去しました。

　また 10 年近い歳月が流れました。幸いなことに,水戸の芸術館で小沢征爾さんが指揮をされる演奏会にお招きを受けました。私は音楽のことはわかりませんが,「人間が生み出した最高のものを人に伝える」人の姿が目の前にあると感じました。私は「ショアーズ先生,わかりました。今こそわかりました！」と胸の中で叫んでいました。ショアーズ先生はすでにご逝去の後でしたが,それでも私は先生に話しかけていました。そこには自分が今までに築きあげてきたものを,目の前の音楽家たちと分け合い,その人たちが音の世界を作り上げるのを助け,そしてその音をまとめて今日ここにいる聞き手たちと分け合おうとする人が,目の前にいたのです。それがショアーズ先生の言う Art でした。

9章 第五法則《図書館は成長する有機体である》

『歩む道』第7章

9.1 第五法則について

【151】 第一法則から第四法則までを過ぎて，第五法則に至ると，広いところに出たという開放感と高揚感とを得た。これに恥じない仕事をしたいと思う。

○ その感覚に同感です。ここで有機体としての生命が新たに与えられ，第四法則までの一館内の仕事から，社会的存在へと図書館を飛躍させたのです。

【152】 五つの法則の中で，最も自由な解釈がされてきたのがこの法則であろう。今回，成長という言葉の量・質・多様な意味に気づいた。成長に必要なものはストレスである。今日，図書館を取り巻くあらゆることが圧迫ないし圧力として図書館にかかってくる。それを元気の源として成長したい。

○ 自由な解釈自体は歓迎すべきです。ただ自分の感性に満足して，それ以上には至らない危険が付きまといます。その解決の手がかりがここでいうストレスでしょう。つまり成長すれば，苦しみもまた大きくなるのです。

【153】 この言葉の持つ広さと深さとに改めて感服した。特に図書館の将来像に対する見識は現代を予見するかのようで，これが1930年代のインドで書かれたことに驚く。

○　第一から第五に至って終わりではなく，それまでの経験と考察のすべてとともに第一法則に戻る。この循環性によって，将来の展望が開けます。

【154】　図書館が成長する有機体であるとするならば，母体である自治体や大学もまた「成長する有機体」であるべきである。図書館員もその意識を持つべきだ。そしてその母体と図書館のかかわりや利用者の状況の検討から成長が始まる。

○　これは大きな指摘です。現実には，できたときの状態をよしとして，それをいつまでも守る，という姿勢がありはしないかと心配です。もちろん，無制限の拡張はあり得ないでしょう。あるべき姿と現実の制約との間の問題にも，資料源としての図書館の役割があるのではないでしょうか。

【155】　有機体という言葉がイメージしづらかったが，生命体といわれて，動くものに変化した。しかし今度はイメージが多様化しすぎるのではないか。

【156】　有機体（生命体）として考えると，成長を止めた生物は硬直化し死滅する。これは現在の図書館への警鐘である。

【157】　「成長する」という表現は，考えを多面的に深め，広げることができる。さらにそれが有機的につながることで，図書館という存在がより豊かに，しっかりしたものになり得ることが読みとれた。

○　生命体という言葉からはまず人間を連想します。図書館の成長にも，幼児期，青少年期，成人期，老熟期があり，次の循環に移るのだと思います。

9.2 進化論との関係

【158】 図書館を「有機体」と見なすと,進化論との関係が考えられる。その影響はどの程度か。
○ ダーウィンが進化論を発表したのは,1858年,発表後10年で生物学上ゆるぎない地位を確保したといいます。数学者で物理学の講義も担当したランガナタンは,当然進化論を受け入れる学問的雰囲気の中で学んだことでしょう。ジョン・デューイが『民主主義と教育』を書いて「生命に必要なものとしての教育」を巻頭に置いたのは1916年(『歩む道』p.268～269に引用)で,ランガナタンはこの年修士課程を終え,教員免許取得のための勉強を始めました。その学校でデューイの著作に触れたといいます。また一方では,生々流転してやまないインドの生命観の中で生きてきたこともあります。どの程度の影響であったかはわかりませんが,それらの考えに共通する「生命」と,その活力とを自分の考えの基本とした,といえるのではないでしょうか。

【159】 成長する有機体を,evolving organism とせずに growing organism としたのが興味深い。
○ この違いについて勝俣銓吉郎著『新編・英和活用大辞典』の用例では,growing のほうが日常的な言い方のようです。ランガナタンは五法則を誰にでもわかりやすいものとするために,growing を選んだのでしょう。

【160】 進化論的にみると,成長のためには環境への適応が必要となるが,日本の図書館はこの点で静的であった。現在の低成長期には,この適応の問題をより意識的に,深く考えなければならない。

○　戦前はお上が持つ本を人民に「貸し下げた」のでした。それと比較すると，戦後65年の変化は，それなりに「動的」でした。それでも公立図書館が国民のものであり，学校図書館が生徒と教師のもの，大学図書館が教員と学生のものと意識されるまでには，なお深い考察と努力とが必要です（1970年代からの図書館運動の残したものについては9.8【188】のコメントを参照）。

9.3　生きているから変化する＝変化するから生きられる

【161】　辞書の改訂と同様，図書館も選書から各種のサービス，人事に至るまで見直すべきところを常に検討すべきである。

【162】　その時々の変化に対する柔軟な受け止め方，つまり，そのときの運営形態でできる最善のサービスを考え，提供する。

○　図書館の仕事の見直し：常に図書館とは何か，が問いかけられ，その内容を図書館主管当局と読者たちに伝える。それをするのが館長の仕事だと思います。

【163】　利用の変化に合わせて館内の本の排架の仕方を変えたいと考えるが，内部の考えがなかなかまとまらない。

○　書架上の本の位置を大幅に変えるなど，自分がよく知っていることを変えられると，館員も読者も嫌がります。それが人間の性質そのものです。しかし変えなければならないのは現実の問題です。館内での相談が必要でしょう。

【164】　図書館のPR資料のため，「本棚は生きている」という表現を考えた。結局実現はしなかったが，「図書館の

書架は常に変化している」と言いたかった。
○ 2011年1月15日の朝日新聞に，勝間和代さんがSucces(s)の法則を引いて，人の心に焼き付いて成功したアイデアと消え去ったものとの違いを説明していました。それは：

 S=Simple: 単純明快。U=Unexpected: 意外性。
 C=Concrete: 具体的。C=Credible: 信頼性。
 E=Emotional: 感情に訴える。S=Story: 物語性。

図書館の書架も，その他のサービスも，人に語りかけるようにするためにはこれが参考になるでしょう。「本棚が生きてくる」というのはよい表現だと思いますが，それは図書館員が本についてよく知っていることと，本のことを読者に知らせる努力とによって生まれるものと思います。

9.4 図書館の三要素の一つとしての図書館員

【165】 図書館の成長のために館員は原動力でもあり，ブレーキともなる。館員が今までやってきたことに固執し，図書館の変化を恐れ，組織を肥大化させることは衰退につながる。

○ ブレーキというのは，二つの場合を言うのでしょう。ブレーキが働いてよかった！と思う場合もあり，その逆もありますから。ここ50年，60年の間の図書館の動きを見ると，一般的には上げ潮に乗ると自然に前向きになり，潮の流れが変わると変化を厭うようになります。それは図書館で働く人も人間だからで，いつも仕事の目標に向かって，前向きに進むのは難しいことなのです。しかし図書館には利用者がいて，それをじっと見ています。これがコワイの

です。これから先図書館を理解し，自分たちが共有する知的情報源という見方が定着するかどうかは，苦しいときも努力をする図書館員の後ろ姿によります。

【166】 組織を活性化し，一人ひとりの成長を図り，多様性を生み出していきたい。しかし現場では「こうあるべきだ」ということがなかなか通らない。

○ 人をまとめてゆく立場とは難しいものです。図書館の場合，利用者は目の前の館員を取り換えることはできません。そこで館員は，一人ひとりが図書館の代表者として働かなければならないのです。それを共通の基盤とし，さらに9.5の【173】，【174】のコメントが参考になりましょう。

【167】 図書館の三要素は，資料・施設・職員といわれてきた。ランガナタンは，本，読者，図書館員とする。この違いは？

○ これは図書館を考える立場が違うからだと思います。たとえば大図書館で読者を見る場合は，内に資料と館員と施設があって，そこに「外」から利用者がくる，という考え方もあることでしょう。これに対して，広い意味での「教育」の立場で考えると，読者は「外」ではなく，「内なる存在」になります。学校を考える場合に，生徒や学生を構成員として見るのと同じです。図書館はその人たちのためにあり，その人たちと一緒に図書館サービスを考えます。そして施設は，読者と本と職員の間に相互作用を生む場を提供し，さらにそのしつらえによって図書館としての存在感を表現します。

　ランガナタンは，彼自身の教育観と7年間に及ぶ教職経験に立って，人の成熟と成長とによる社会の進歩と，その

ための図書館の役割を考えました。したがって，三要素の中に読者が入るのは当然といえましょう。

【168】 三要素の中に読者を入れるほどに読者を重んじていながら，その成長については，数の増加と，その結果生じる課題（規模，貸出方法，安全対策）を取り上げるだけである。読者の質的な変化を取り上げていないのはなぜか。

○ 確かにそのための章を立ててはいません。しかし，図書館を持つと市民がどう変わるかは，歴史的叙述においても，関係閣僚会議においても述べています。また個人の例としては漁師の息子が大学教授となったり，孤児が法律家になった例や，図書館によって地域の判断が変わった例もあげています。それは自ら学ぶことによって，従来の社会的あるいは経済的な締め付けから自由になった人の例を示したのです。それが質的な変化の基本ではないでしょうか。このことは，五法則から64年後に米国で発表された『アメリカ社会に役立つ図書館の十二箇条』においても強調される，きわめて今日的な問題といえましょう。もちろんそれはいわゆる出世主義の主張ではなく，「一人ひとりを大事にする社会」をめざすためです。そう考えると，この『五法則』全体が，読者個人と社会の質的変化をめざしているといえましょう。

【169】 館員として「自分の名を出さずにすべての仕事をするつもりになるところまで〈個の主張〉を控えるべきだ」という言葉を肝に銘じたい。

○ われわれが何かを主張するのは，どうしたら適切な図書館サービスを提供できるか，ということであって，自分の意見の主張が目的ではありません。それは誰もが知ってい

ることですが，実際には忘れられることが多いのです。個人の意見の強硬な主張には，人は，漠然とした不安を感じながらも，対案を出せないためにそれを通すことがよくあります。そしてあとになって，あれは「機械を設計する人」の意見であって，その「機械を運転する人」の考えではなかった，という思いを繰り返すのです。そういう苦い思いからも学ぶ，という強靭な考え方が，人の考え方を進め，仕事を進めるのでしょう。つまり直線に進むのではなく，ジグザグに進むのではありませんか。

【170】　図書館職員には，静的なタイプの人が多い。その人たちが図書館員として自らの成長を図るためには，その点を十分に考慮した研修形態の制度化が必要なのではないか。

○　図書館員にとって研修は不可欠です。しかも静かに見える人の中には，強い要求を持つ人がいます。それは「ほんとうの知識への熾烈な飢え」（『歩む道』p.288 に引用）であって，研修とはそれに火をつけるものなのです。その火を仲間と分け合い，図書館に来る利用者とも分け合います。その火を持つ図書館員は各地におられると私は思っています。この読書会もその一つです。

【171】　図書館職員の数を少なくする政策がとられている。20〜30年後には，図書館のことをよく知って管理に当たる人が得られるか，新人が入ってくるか，などを心配する。

○　確かにその心配はあります。しかしこの半世紀に，図書館に対する世の中の考えはずいぶん変わりました。図書館に市民が関心を持ち，自分たちの知的情報源としてその充実を求めるようになりました。それに続いて，学校教育の中での図書館の重要性に着目し，学校図書館に司書を！と

いう運動が起こり，苦労しながらもその歩みを続け，成果を得つつあります。そういう学校図書館を経験してきた若い人たちが，大学生になり，大学の図書館と公立のそれとを目的に応じて使い分けるという経験を積み，やがて研究者や教育者になったときに，大学図書館の新しい展望が生まれると思います。そういう動きを生むに足るだけの日常サービスを，毎日積み重ねたいものです。

【172】 結局図書館サービスは「人」である。実務を進めながら自分のテーマを持って研究を続けることと，図書館情報学の古典を読み直すこと，それが図書館員の進むべき道と思う。

○ 図書館員が自分のテーマを持って研究することはかねてから言われてきましたが，「古典を読み直すこと」はあまり注意を引きませんでした。新しいものへの関心が強かったからでしょう。今この意見が出たのは，ランガナタンのこの著作が，80年以上前のものでありながら，今日のわれわれにものを深く考えさせる，つまり，時間，空間を越えて語りかけるものがあり，それが今日のわれわれにとって必要なのだ，という認識と思います。これは図書館員による「古典の発見」といえるでしょう。この観点からすれば，ランガナタンのほかにもわれわれの「古典」が見つかると思います。「過去に学んで現在を理解し，将来を設計する」人間として，図書館の古典を持ちたいものです。

9.5 ミツバチの精神

【173】 基本的な考えとしては理想である。欧米ではどうか。

○　図書館という「役所」で働くのではなく、「図書館を通して人のために働く」という考えは広く行き渡っていると思います。しかし、先日児童サービス主任から成人サービス主任に移った米国の友人から手紙がきました。児童サービスではみんなが気をそろえて働いたが、成人サービスでは職員一人ひとりがばらばらで、全く協力しあう気がない。どうしたものか、というのです。おそらく成人部門は、一人ひとりが専門分野を持っていて、それをこなすだけで精いっぱいなのでしょう。でもこの人は、児童サービスをその世界だけに終わらせない人ですから、その経験によって、成人部門の職員がより大きな世界の一員だということを気づかせられると思います。「ランガナタンが参考になるかも」という返事は出しておきましたが。

【174】　この指摘は現代の図書館が抱える職員問題に結びつく。

○　現代の職員問題はまことに複雑ですが、その根本に、図書館の運営には専門知識はいらない、誰でも管理・運営できる仕事だ、という考えがあると思います。それは図書館だけではなく、他の職場でも同じことのようです。その上、コンピュータの導入によって、誰でも「情報」を手に入れることができる、と広く信じられるようになりました。しかし、これだけ機器が発達して、世の中にさまざまな情報があふれてくると、いずれ大量化と多様化による混乱が起こります。図書館は、今までも何度かあったその「混乱」を乗り切ってきた知識と経験とを持ちます。そう考えると、図書館ばかりではなく、官庁や会社にもその混乱に対応できる人、つまり司書が必要になる時代がくるでしょう。

それは単に技術的な処理ばかりではありません。図書館について考えるとは，常に「人と知識や情報との関係」に立ち返って考えることを意味します。そういう基盤の上に立つ教育と研究とによって，すぐれた司書が生まれる，私はそういう期待をしています。

【175】　70年代から80年代にかけて，市民から「図書館員はよく働く」と言われた。まさにミツバチのようであった。それでも利用者にうまく目的の本を届けられなくて，歯がゆい思いをした。今はコンピュータの普及によってその点が解決されたと思う。そうすると図書館員の仕事は，コンピュータによって行われるだけのことなのか。そこに人がいるということは何だろうか？

○　ランガナタンはレファレンス・ライブラリアンの仕事を旅行業者のそれにたとえています。各地の資料を用意して，そこに行きたいと思う気持ちを起こさせることから始まるというのです（『歩む道』542節 p.199, 本書7.5【130】）。今日，旅行の手続きは自宅からできるようになりましたが，それでも旅行社にはたくさんの人が訪れます。それはなぜでしょうか？

　また，ある図書館学の先生は，レファレンス・サービスの時間で，課題を出し，まず磁気媒体によってそのテーマを調べさせ，ついで参考図書を引き比べ，概説書から専門書，雑誌記事から学術論文を読み比べるようにすると，それぞれの媒体の性質がわかってきて，物事を調べる順序がわかるようになる，そういう授業を指向していると聞きました。この先生は，学生の知的探求の旅を深めるためのすぐれたレファレンス・ライブラリアンの役目を果たしてい

ると言えないでしょうか。

　もうひとつ，図書館で何かを調べるときに，その問題の核心に他人が触れるのを避けたい，という心理が働くことがあります。だから機械を使って解決したい。それができないとわかったときに，人が必要になります。その人は，利用者の心のひだに土足で踏み込まないように配慮をしながら，その人が気持を開いてくれるのを待つ人です。

　図書館に人がいることに，そこまでの意味を求めたいと思うのですが，いかがでしょうか。

9.6 図書館資料と図書館サービス

【176】　図書館資料の多様化とともに，来館せずとも受けられるサービスが増加し，それが図書館のサービスだという意識も自覚もなしに利用される場合がある。

○　生活が便利になってくると，公的サービスを当然の権利として何も考えずに受け取るようになります。水道の蛇口をひねるときれいに濾過された水が出ますが，それに何の疑いを持たないのと同じです。そこまで図書館サービスが生活の中に入るのは望ましいことですが，それが人の努力の結果であることを知るのも，市民として当然のことです。しかしその実現は今のところ遠い先のことと思います。

【177】　図書館資料の購入経費が膨大になり，それが特に電子ジャーナルの場合に顕著である。それを図書館だけが従来の考え方で支出するのか，それよりも大学の基盤機能と位置づけて相当の対応をすべきではないのか。近い将来大学図書館は，古い資料の保存と利用の場所として，また新

しい電子的サービスの提供源として，機能の両極化が図られるであろう。

○　大学の予算は，建前はいろいろとあっても，実際は力のある学部が必要経費をもぎ取ってゆくのではありませんか。大学の構成員全体のために存在する図書館なのですから，図書館経費を真っ先に，というのが本来でしょう。そういうまともな時代の到来を望んでいます。望んでも何にもならないと人は言うでしょう。しかし，望まなければ永久にそういう時代は来ません。かつて有馬朗人東京大学学長が「大学の足腰を強化する」と言われたのは，このことかと思います。

【178】　本以外の手段によって知識の伝達を行う時代が来るのかもしれない。

○　ランガナタン自身は，言葉によらないコミュニケーションについて言及しますが，それはおそらく，言葉の不完全さを越える手段として，沈黙の持つ豊かな内容を考えるインド古来の思想に基づくものと思います。将来は，人間の五感に対応する資料が図書館に入ってくることは考えられます。すでに視覚と聴覚とはあります，触覚も少数ながら存在します。そうすると残るのは嗅覚と味覚とです。それはどういう形で記録され，保存されるのでしょうか？

　ランガナタンは，読者の関心，読書能力とその要求に応じる内容とそのための出版形態とを考えていました。その時代の媒体の先端はマイクロフィルムでした。今日，磁気媒体が急速に普及し，人の仕事の仕方から考え方まで変化せざるを得なくなってきています。もしランガナタンが今の状況を知ったら，なんというでしょうか？　おそらく

彼の周囲のあらゆる人材の力を合わせて、磁気媒体の性質を明らかにしようとするでしょう。その場合に、機械は人間の思考と労働とを助けるためにあり、人間が機械に従属するのではない、ということを基本とするでしょう。そして五法則に基づく著作の一つ、*Library Book Selection, Edition-2*（ESS ESS Publications, 2006）において示したように、その性質を知るための方法を示し、採用の可否はそれぞれの図書館の決定にゆだねると思います。それは、今後の新しい媒体の出現のときに、われわれがとるべき基本姿勢を示すものといえましょう。ランガナタンには、五法則以外の著作からもたくさん学ぶべきことがあります。

【179】　今日レファレンス・サービスは、情報活動支援とその文脈化と捉える人もいる。レファレンス・サービスが人的サービスであるという本質を変えずに進化していることも、図書館が有機体であることの証左であろうか。

○　今までは読者の疑問について相談に乗ること、と考えてきたのですが、ランガナタンのように、「人と本とを結びつけること」と考えると、図書館の仕事がその一点に向かって組織化され、活性化します。この組織化、活性化、そしてそこから生まれる力が組織体の証明ではないでしょうか。

【180】　分類法の恣意的使用は好ましくない、とランガナタンは言っているが、その図書館独自の方針をずっと持っている場合はどうすればよいのか。

○　これは五法則が発表されたころのインドの図書館に対する警告であって、今日の状況とは違うと思います。しかし、「分類法をよく知らずに勝手な解釈はしないほうがよい、分類体系を大事にしよう」という提言は深く考えるべきこ

とです。

【181】 ファーミントン・プランは失敗と理解していたが，ランガナタンは評価している。実態はどうか。

○　これは第二次世界大戦中にヨーロッパの学術雑誌を米国で共同購入し，共同で利用しようとして設立されました。戦後，出版物が自由に入手できるようになり，米国議会図書館の学術雑誌収集全国計画も始まって，30年に及ぶ先駆的な活動を閉じました。目的をきちんと果たした，というべきでしょう。それは成功といえるのです。

9.7 図書館資料の利用は無料

【182】 無料公開の原則への言及は印象的であった。

【183】 「図書館は広い意味での教育の場であり，すべての人に開かれるべきであって，そのサービスに金銭による差をつけてはならない」という図書館の根幹を，誰もがイメージしやすい表現で語っている。

○　無料の原則：図書館の目的は，人間が生み出した知識を誰にでも公平，かつ自由に使えるようにし，人の自立のために役立てることです。そして図書館を使うことは，人権の一つとして考えられるようになりました。図書館は人の成熟と成長への信頼感の上に立っています。図書館資料を使うか使わないか，またそれをどう使うかは一切その人の自由です。そしてそれがどう役に立ったかは，本人にさえよくはわからないことなのです。しかし，長い目で見れば，人の成熟・成長こそがその社会を豊かにします。そういう機関を維持するためには，市民全体が広く薄く負担をする

以外にはありません。こういう図書館があることが，一人の人，地域，国をしっかり支えることになる。しかもその経費は「人の成長」によって後から何倍にもなって自治体に返ってくる。ただそれまでには時間が必要だ。その時間を与えてほしい，とランガナタンは主張するのです。

【184】 図書館の大憲章として，図書館サービスは無料だとする。それは「これだけの金額を支払って，これだけのサービスを得るというものではない」という確信に立っている。また一面，ランガナタンは，付加的サービスは有料という考え方を否定するのだろうか？

○ ランガナタンは無料の原則を図書館の「大憲章」(Magna Carta) と呼んでいます。これは 1215 年に貴族たちがジョン王の専制を排して勝ちとった勅許状で，国民の権利を守るものとみなされました。つまりランガナタンは「図書館の無料は国民の権利である」と主張するのです。彼が五法則を発表した時代には，付加的サービスという概念はなく，五法則に含まれるサービスはすべて基本的サービスだ，と考えていたと思います。

【185】 ユネスコ図書館への謝金支払いという，一見当然のように見える事例の中に，危うさが潜むことをはっきりと指摘している。それは物事の本質と波及効果とを見抜く目を養うことの大事さを示している。

○ ここに書かれた事例についてはその通りですが，実際上の諸問題について，常に的確な判断を下せるかどうか，なかなか難しいことです。日本の図書館では，それまで有料制が認められていたのを，図書館法（1950 年）によって無料と定められました。当時の日本の図書館人の苦悩を「コ

ラム　その9」でご覧ください。それはただ過去の事実としてでなく、今後この「図書館の大憲章」が一気に、あるいはなし崩しに、無力化されることがないとは言えません。そのときわれわれはどう対応するべきか、先人の苦悩はそれを暗示しているといえましょう。無料化の原則のときは、政府を越える占領軍の力がありました。そしてそれによって、それまでの一つの殻を破ることができました。しかしこの次には、われわれが主体的に考えて、みんなの図書館を実現しなければ、と思います。

9.8 今考えるべきこと

【186】　ランガナタンの生きた時代と現代の図書館、図書館を取り巻く人、社会および環境の変化、情報化、多様化などについて、類似点と相違点とを整理し検討する作業が必要。

○　これが「比較」ということです。前にも述べたように、「比較」とは優劣の判定をするものではなく、類似の現象の中に相違を認め、相違の中に類似を発見することによって、比較の対象となる複数の現象の性格を明らかにすることです。この手法の困難な点は、それぞれの国の事情を比較できる確かな材料に乏しいこと。たとえばこの場合、インドの教育が文字よりも伝承を重んじる期間が長かったためと、多民族・多言語という事情が、その材料の入手を一層困難にします。できるところから少しずつ進んでいくほかはないと思われます。この五法則についての仕事も、そのうちの一つなのです。

【187】 図書館の成長についての五つの観点
 (1) 外的成長:蔵書量,設備,検索手段などの外形的,技術的成長。
 (2) 内的成長:すべての人の教育のために,知識や思考の伝達をするという図書館の理念の成長。
 (3) サービス,職員,読者,図書館の将来についての観点の成長。
 (4) 図書館組織の成長:専門分化,社会の変化への適応の観点。
 (5) 職員の役割についての観点の成長:図書館に生命を与える。サービスの拡充と無料の問題との総合。
  以上の観点と,現実の諸問題とのかかわりの考察が必要。長尾構想が提起する課題についても。
○ これは比較研究において,図書館活動をどう分析していくか,という手がかりを提供するものです。現実の問題を直接理解しようとすると,たくさんの糸が絡み合っていて,どこから解きほぐしたらよいかわからなくなります。しかも,その根柢には,「人という存在をどう見るか」という問題が残ります。外側から解きほぐして,その命題に至るためのステップとして,この五つの観点は試みる価値があると思います。もちろん,実際の考察にあたっては,双方の立場からする修正が必要ですが。つまり比較とは,一種の往復運動なのです。その往復をするうちに,お互いの姿が見えてくるのです。
【188】 70年代の日本の図書館運動は何を残したのか。少なくともその志を継いで,粘り強く行動していくことが必要ではないか。

○　私は大きな遺産を残したと思っています。それは：
（1）　貸出冊数の増加：1979 年に国民一人当たり 1 冊が 2011 年には 5.6 冊になり，日本の読者の可能性を示した。
（2）　図書館数の増加：1979 年の 1,270 館が 2011 年には 3,168 館，2.5 倍に増加した。
（3）　子ども文庫活動と児童サービスとによって，子どもは本来本が好きなのだ，ということを示した。
（4）　住民が図書館について発言をするようになった。60 年代には聞くことがなく，70 年代には政治的偏向とされた。
（5）　それが図書館友の会による地域の図書館の充実と理解の深まり，学校図書館への関心による学校司書の配置運動に発展して，大きな成果を上げている。
（6）　図書館関係者に，図書館の基盤は住民にあることを認識させた。
（7）　保存の場所と見なされていた図書館が，利用のための場所になった。そして保存のための保存が，利用のための保存という新しい役割を担うようになった。しかし，利用＝貸出という一般のイメージが生まれて，まだ，その次の段階に進んではいない。第一法則はかろうじて実現に至ったが，そこで止まっている，ということであろうか。
（8）　図書館は教養のためにあるもの，という伝統的なイメージを乗り越え，一人ひとりが心を休めるところ，面白いことが見つかるところ，必要な知識や情報が得られるところ，そして自分たちが生きることにつながるところであり，そこに自分の居場所がある，というふうに図

書館観が変わってきた。
(9) 図書館を持つことは基本的人権のひとつ，という考えがだんだんと浸透してきた。

コラム その9　図書館の大憲章とわれわれ
無料の原則と図書館人の苦悩

　日本で初めて図書館に関する法律が国会で審議され，公布されたのは「図書館法」（1950年4月）でした。現行の図書館法がそれです。それまでの「図書館令」は天皇の命令によって図書館のことを決めたものだったのです。そこで，「法律」として制定されることは，当時の図書館員の悲願でした。
　そこに「公立図書館は入館料その他図書館資料の利用に対するいかなる対価も徴収してはならない」という一項が入りました。図書館令では「徴収スルコトヲ得」でしたから，新法は図書館人としての理想が実現することになります。ところが現実には，入館料とか閲覧料というものをとって，それを財政当局に納め，それを力に予算要求をしてきたのです。図書館法が施行されるとそれができなくなります。これは当時の図書館人にとっては大問題でした。そんなことになったら予算の出所がなくなって，図書館の運営ができなくなることが懸念されたのです。当時はまだ占領中でしたから，占領軍の意思ということで反対はできませんでした。
　もっとも何でも占領軍の言いなりであったかと言えばそうではありません。当時の占領軍の図書館担当官は，日本の学校図書館の標準分類法としてデューイの十進分類法を採用せよ，といってきました。それに対して，日本十進分類法を使うべきだ，として，非常な努力の結果，それを認めさせたのが加

藤宗厚先生でした。当時,占領軍は絶対の権威を持っていて,その決定に異をとなえると,どのような罰を受けるかわからないという時代でした。町の中を走る路面電車の運転台にも「占領軍の命により立入りを禁ず」という表示があった時代です。社会的生命をかけるという覚悟をなさったことでしょう。それが認められて,今日の日本の図書館でのNDCの普及があるのです。

そのあとに無料原則が来ました。これは社会教育担当官が「日本はこれから民主主義国家として再生するのだ。民主主義とは,一人ひとりの国民が賢くなる努力をして,地域や国の政治について判断ができるようになることだ。だから,誰もが無料で使える公立図書館が必要なのだ」と主張しました。

理想はその通り,しかし実際はどうなるのか,「本当に苦労をしたよ」と加藤先生から直接うかがったことがあります。そしてまた「戦後の公立図書館の発展は,やはり無料原則に支えられるところが大きかった。無料となって,本当によかった,と今は思うけれども,当時はそこまでは思いいたらなかった」とも述懐されました。それを私は重いお言葉として受け止めました。

今後,理念においてはそうだけれど,現実には行い難いという判断を迫られることがあるでしょう。そのときに,図書館の理念を追求する者と,現場で運営に当たる人々との間に,理念と現実とに立って理想を求める議論が展開されなければならない,とつくづく思ったことでした。ランガナタンはその理念を支えてくれる一人だと思っています。

10章 私が学んだこと

1年半に及ぶ読書会は，私にとって大きな学習の機会でした。そこから学んだことを略述したいと思います。

10.1 凝縮された表現

五法則の表現にあたって，ランガナタン博士は自分の深い思索をわずか26語の英語で表現しました。「法則」という以上，時代を越え，地域の条件を乗り越えて，物事の本質に迫らなければなりませんが，それには余分なものはすべてそぎ落とす必要があります。そこで，これ以上は凝縮できないというところまでの，ぎりぎりの選択からこの五法則が生まれました。それにしても，五項目全体の語数がわずか26とは，まさに天才の仕事というべきでしょう。

10.2 その長所

この極端なまでの凝縮は，五法則の普及に大きな効果を生みました。まず五法則の存在を人に記憶させ，そしてこの短い言葉の意味を自分なりに解釈し，それを指針とすることができるからです。

この「自分で考える」ことは，さらに大きな効果をもたら

します。およそ人の考えを深く受け取るためには，自分の中にそれを考える態勢が必要だと思います。何もないところに新しい考えが浸みとおり，大きな力になることもありますが，じっくりと考えて自分の思考の糧にしていくためには，考えるための準備が必要なのです。その準備がある人にとって，この凝縮された表現は深い意味を持ちます。そしてここから自分の考えをより確かなものに育ててゆくことができるでしょう。ランガナタン自身としては，「より少ない言葉によってこそ，より豊かな内容を表現できる」という信念があったことと思います。

10.3 読者の躓き

この凝縮した表現が，読者の躓きを招くこともあります。まずそこに使われる言葉の表面上の意味だけを取って，掘り下げることがない，そして，その簡単に見えることが五法則の全部だ，と思い込みます。そのため，五法則間の緊密な関係や，各法則で論じられる図書館の三要素（読者・図書館員・本）についても考えることがなく，五法則の存在を知るだけで満足して，現実の図書館活動とのかかわりを問いかけることがなくなります。ちょうど「図書館の自由に関する宣言」も「世界人権宣言」第19条も，あることで安心しているのと同じです。これは誰にでも，またどの場合にも見られることですが，図書館員がそうなっては残念なことです。

10.4 ランガナタンの用意

ランガナタンはそのことをよく知っていたと思います。図書館長になる前に数学を教えていて,「生まれながらの教師」という評価を得たのは,学生がどこで躓くかに強い関心を持ち,それに対応する教授法を考えて,クラス全体の理解の水準を大きく向上させたからです。凝縮した表現は,法則としての不可避の条件ではあっても,人がそのままに理解するわけではない,ということをよく知っていたと思います。

だからこそ彼は,五法則に対する解説を最初から用意しました。それは1931年の初版ですでに416ページに及んでいます。そして1957年の第2版では,この考えの成立の過程を目に見えるように描いた第0章と,その後の考えの発展を示す第8章とを加えたのです。

そう考えると,この五法則は凝縮された本文とともに解説を読んで理解すべきものと思います。それは単なる「解説」ではなく,五法則が形を変えて現れたもの,と見ることができましょう。そうすると次の課題は,五法則＋解説を理解するのにはどうしたらよいか,ということになります。

10.5 五法則の理解のために

(1) **テキストのこと**：この目的のためには,原著の第2版と直接取り組むのが本筋だと思います。しかし今インドの出版社から出ているのは,1931年の初版の複刻と思います。アリゾナ大学の dLIST（Digital Library of Information Science and Technology）にあるのも初版本です。そこで第2版を読む

ためには，大きな図書館で閲覧する必要がありましょう。
(2) **翻訳・解説**：第2版の翻訳は『図書館学の五法則』(森耕一監訳，渡辺信一・深井耀子・渋田義行共訳，日本図書館協会，1981) がありますが，残念ながら絶版で，これも大図書館での閲覧になりましょう。これは原文に忠実な完訳本で，1931〜57年の頃のランガナタンの考え方をそのままに伝えています。そのため，初めて五法則を学ぼうという人には，もっと簡約化した入門書が必要だ，と日本図書館協会が考え，図書館実践シリーズの1冊としての『図書館の歩む道—ランガナタン博士の五法則に学ぶ』(竹内悊解説) を出版したのです。
(3) **理解の手がかり**：五法則を理解するための手がかりとして，次の5つを考えました。
① 五法則全体の基盤として「隠れた法則」(すべての人に教育を) を設定したこと。これは「本は利用するためのもの」という第一法則に対して，何のための利用なのか，と問いかけたことによります。そしてこの「教育」は，教室での授業よりももっと広く，人の成熟と成長とにかかわる仕事をさします。
② 各法則の中での「図書館の三要素」：これは立地条件や開館時間，図書館家具，分類法，目録法，レファレンス・サービスなどとともに，至るところで語られます。つまりそれぞれの法則に照らして，同じテーマが，違う角度から検討されるのです。そこにそれぞれのテーマの多面性があらわれ，その総合が図書館サービスとなるのです。
③ 五法則の構造：第一法則は全体の総論，第二〜第四法則は図書館実務の規範です。そして第四法則は利用者の

立場からみた図書館の理想像でもあります。第五法則に至って，それまでの図書館という建物から抜け出て，生命体としての図書館，また社会的存在としての図書館のあり方が示されます。そして次のステップへの飛躍が用意されるのです。
④　五法則の循環：『歩む道』p.17の図では，この循環は研究のサイクルという言葉で示すばかりでしたが，今回有機体としての図書館発展と図書館学研究のスパイラルと改め，新たに螺旋状の図を付け加えました。これは，第一法則から第五法則に至る図書館の充実発展のステップは，1回限りで終わるのではなく，第五法則をひと通り満足させたとしたら，それまでのすべての知識と経験とを踏まえて，図書館発展の二つ目のスパイラルに入る，つまり前より豊かになった図書館観と厚くなったサービス，それによって変化した読者像とに基づいて，再び第一法則を手がかりとする検討を始める，そしていずれ第三のスパイラルに入る。こうして変転する社会に対する図書館の役割を果たしていく，そしてその過程で，五法則に対する学的検討を進め，五法則自体を豊かなものにしていく。その過程において，凝縮表現の極にある五法則自体は，常に図書館の規範として存在し，図書館発展の方向を示し続けるのです。
⑤　ランガナタンにおいては，図書館の実務と図書館学とは相対立するものではなく，互いに補い合い，図書館をして「成長する有機体」として活動させるための生命力の供給源とみなしています。

この読書会を通して私が学んだのは，こういうことでした。

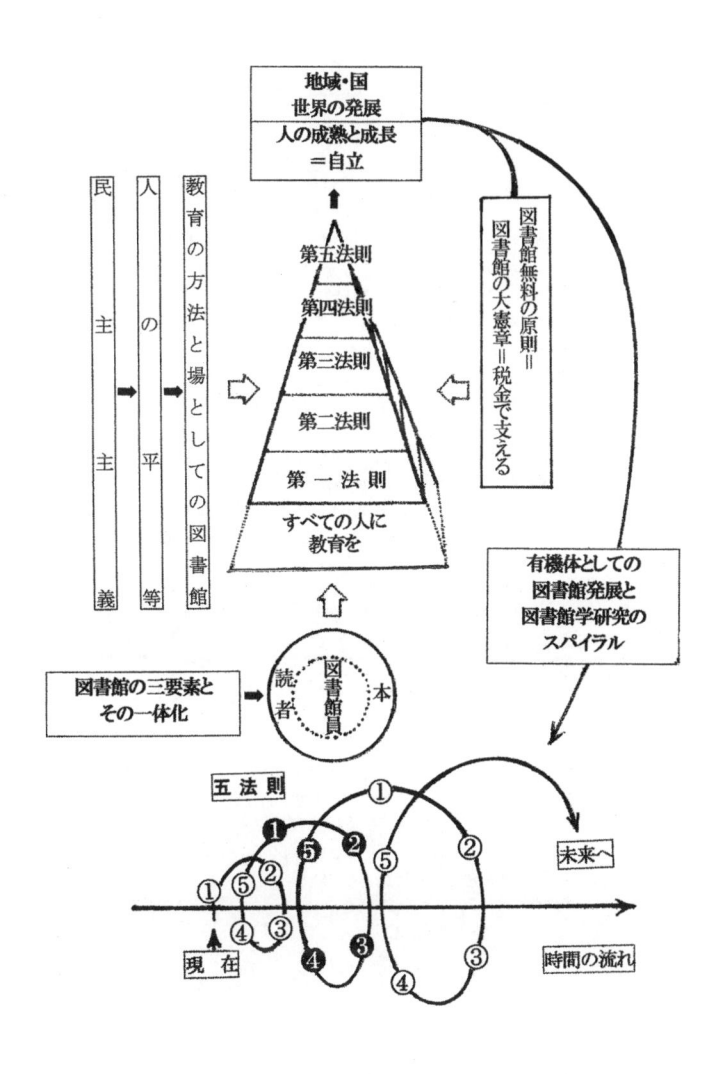

```
                    ┌──────────────┐
                    │ 地域・国      │
                    │ 世界の発展   │
                    │ 人の成熟と成長│
                    │ ＝自立       │
                    └──────────────┘
                           ↑
   民 人 教        ╱╲                  図 図
   主 の 育        第五法則            書 書
   主 平 の        第四法則            館 館
   義 等 方   ⇒   第三法則    ⇐     無 の
          法      第二法則            料 大
          と      第一法則            の 憲
          場    すべての人に          原 章
          と     教育を              則 ＝
          し                         ＝ 税
          て                            金
          の                            で
          図                            支
          書                            え
          館                            る

                        ⇧                    ┌──────────┐
              ┌───────┐  ╱図╲              │有機体としての│
              │図書館の│ ╱読書╲            │図書館発展と  │
              │三要素と│╱者 館員╲          │図書館学研究の│
              │その一体化│ ╲本╱            │スパイラル    │
              └───────┘                   └──────────┘
                                                  │
                                                  ↓
   五法則
                    ①              ①
            ❶  ❷          ②              →未来へ
         ①⑤  ⑤             ⑤  ②
   ──────④③──❸──────③──────→
          ↑      ❹          ④       時間の流れ
        現在
```

10章　私が学んだこと………113

コ ラ ム その10 足元を固めよう

五法則発表80周年記念国際セミナー

2011年10月,韓国図書館協会と韓国図書館情報学会との共催で,標記のセミナーが忠清南道大田市で開かれました。韓国,インド,日本からの参加者を迎えて盛会でした。これは2010年9月に奈良で開かれた日韓図書館交流シンポジウムの席上,韓国図書館協会会長李恩徹博士が「今日のような混沌の時代には,図書館の理念を掘り下げることが大切である。そのために図書館学の五法則発表80年に当たる来年,国際セミナーを韓国で開きたいと思っている」ともらされたのです。それが見事に実現しました。いちばん近い国の館界がこのように活発なことは,私にとって大きな刺激でした。

開会にあたって,ランガナタン博士生誕百年を記念するビデオテープが映写されました。博士が夫人の名を冠して設立した「サラダ・ランガナタン図書館学振興財団」の提供です。このときに配布された五法則第二版の韓国語版は,B5判,480ページ,印刷文化の長い伝統を誇るこの国にふさわしい古雅な装丁とゆったりした字組みとが五法則への敬意を思わせて,この国際セミナーにかける強い意欲を感じました。

発表はマドラス大学・バブー博士の「今日の図書館界における五法則の意義」,インド統計学研究所助教授クリシュナマーシィ博士の「五法則の哲学的・理論的概観と図書館専門職への影響」,タミールナドゥ法律図書館副館長クマール博士の「コロン分類法における五法則の影響私見」,韓国静州大学教授ユン・チュンオク博士の「韓国公共図書館における五法則―特に図書館利用に障害を持つ人へサービスについて」と,私の「日本における五法則」でした。

私が語るべきことについては,前もって韓国図書館協会から次の三点の要請がありました。それは:

1. 五法則の日本の図書館に対する影響。

114

2. 日本の図書館の発展過程上,五法則受容の障害,特にその考え方の面で。
 3. その障害をどう乗り越えるか。
ということでした。

　私はまず,ランガナタン博士のご子息ランガナータ・ヨーガシュワリさんとの出会いを語りました。この方は五法則第二版の執筆にあたり博士の片腕となり,博士の伝記（自著）の寄贈とメールのやり取りを通して,ランガナタン理解のための私の目を開いた方だからです。私の発表は,
 1：戦後の新しい司書養成を通して五法則の考え方が若い図書館員に伝えられ,大きな影響を与えた。
 2：「保存」という考え方が第一法則普及の障害となった。ついで図書館は誰にでも管理運営ができるという考えが生まれ,図書館を私企業の手に委ねる施策が広がった。その根柢に「都合の悪いことは無視する」という力が働いている。
 3：この障害を乗り越えるには,まず人々の間に図書館の働きを知らせること,それに基づく市民の理解の深さがわれわれの努力を大きく支えてくれる。

　私見として,図書館員とその努力を支えてくれる人々の熱意と努力の根柢に「理念」の追求が不可欠であり,五法則はその大きな力であることと,その理解のためにこの読書会から得たこと（本書10章の内容と「有機体としての図書館発展と図書館学研究のスパイラル」）とを報告しました。

　なおこの発表の前に,東日本大震災に対する各国からの救援隊に対する塩見昇日本図書館協会理事長の謝意を伝えました。

第 Ⅱ 部

『図書館の歩む道』読書会レポート

(1)『図書館の歩む道』読書会について

読書会に参加して

深澤　榮一（前・守谷市立図書館）

　『図書館の歩む道』は，副題に「ランガナタン博士の五法則に学ぶ」とあるように，インドの図書館学の父と呼ばれたランガナタン博士の『図書館学の五法則』の解説書であります。本書は，原著者の考え方，人となり，略年譜，原書第二版の要約，『図書館学の五法則』に対する詳細な解説と，本文に対する示唆に富む「注」から成り立っています。

　短い期間でしたが，「図書館の歩む道」読書会に参加して，感じたこと，考えたことなどをすこし述べたいと思います。

　第一法則「本は利用するためのものである」については，ごく当たり前のことと捉えがちです。しかし多くの学者・識者は未だに貴重書の選書・保存・管理，分類・目録のことは考えても，利用のことは重視しません。また，多くの図書館では，本などの資料は備品（保存するもの）となっています。

　第二法則「いずれの人にもすべて，その人の本を」では，＜すべての人に教育を＞という考えが前提です。そのすべての人のそれぞれに，その人に適した本があり，その人と本とのスムーズな出会いを願うのが図書館であり，図書館員なのです。この第二法則を支えるために，図書館主管当局の義務，図書館員の義務と並んで読者の義務が語られます。この読者の義務で，今でもよく見聞きする「特例の要求」があります。規則とその遵守との必要性は認めながら，地位や役職などを

言い立てて自分だけは特別扱いせよという人々です。図書館員の毅然とした対応が，公平な資料提供を保障するでしょう。

第三法則「いずれの本にもすべて，その読者を」では，本がどうしたら読者との接点を見出せるかが論じられています。利用者と本とを結びつけるために，どのように本に活躍してもらうか，本にとって活躍しやすい方法とはなにかと考えると，図書館の仕事を考える新しい見方が出てくると思います。

第四法則「読者の時間を節約せよ」では，読者の立場に立って図書館のあるべき姿を論じています。この中で，究極の節約は，読者が優れたレファレンス・サービスに出会えることだと思います。しかし，多くの読者に時間が節約できたと感じてもらうには，まだまだ時間（図書館員の成長）が必要だと思います。

第五法則「図書館は成長する有機体である」について，この言葉（訳語）に，私は，わくわくし，希望がわいてきます。図書館は，読者と本と図書館員とが力を合わせれば限りなく成長する生命体なのです。これらから導き出される図書館の三要素は，読者，本，図書館員だと，あらためて思いました。

1　図書館での主人公は，読者（市民，すべての人）です。
2　この読者を支えるために，本（資料，情報）があります。
3　この読者と本とを結びつけるために，図書館員がいます。

今日の社会生活の中で，多くの読者は，多種多様な顔を持っています。これに伴い，図書館で扱う資料・情報も多種多様化し，内容も複雑化し，増大を続けています。このような状況の中で，図書館員が『図書館学の五法則』を何度も読み直すことは非常に意味のあることと考えます。ただ，残念ながら『図書館学の五法則』の原書の日本語訳は，書店で手に

入らなくなって久しく、新たな取り組みとしてその全訳の『図書館学の五法則』日本語訳の早期刊行を願っています。

（2）読書会から得たもの

読書会に参加して

　　　　　　　　　　　　　　　五十嵐花織（調布市立図書館）

I　読書会に参加した動機

　私が読書会に参加しようとした理由は主に2点ある。

　まず、学生時代に初めて出会ったランガナタン博士の五法則を、ごく表層的にしか理解していないと感じていたことである。五法則は明確で、当然のことをわかりやすく述べている。だからこそ時代や民族を超越して、原理として支持されてきたと考えていた。しかし、自分が司書として公共図書館での勤務を重ねていくと、一見わかりやすくみえていた五法則が、実は深く、さまざまな局面を内包し、緊密にかかわりあうものであることを感じるようになってきた。図書館学の根本原理として実に著名な存在である五法則を自分はわかっていないと感じるようになっていた。

　2点目は、仕事のうえでは、さまざまな場面で判断を要するが、その判断の軸足となる基本原理がぶれないようにしたいと切に望むようになっていたことである。ひとつの仕事に、さまざまな問題が緊密に絡み合っている。すべての事柄に対して円満な解決策はない。何を優先するのか。大事なことは何なのか、そこがぶれてしまうと、安易に「管理していく」という方向に流れる。進むべき道を誤る危機感があった。

そこで，五法則にその基本原理・原則があるのではと考え，真に意味するところに近づきたいと考えたのである。

Ⅱ　読書会に参加して感じたこと

五法則の示すところがこんなにも豊かで深く，何層にもなった局面と広がりをもっていることに深い感銘を受けた。図書館学という領域にとらわれず，遥かな広がりをもっている。それと同時に，この五法則を実現するためには，実に厳しい，妥協のない要求が突きつけられていることを知った。

ランガナタン博士の生い立ちや経歴，その当時のインド社会，世界情勢などを理解することによって，このそぎ落とされたように簡潔で，かつ豊かな内容を内包した表現の文体が生まれてきた背景を知ることができた。

参加者による意見交換や感想を述べ合うことによって，五法則から図書館をみる視点を持つことができ，具体的な身近な問題として捉え直すことができた。読書会に参加することによって五法則が生き生きとしたものに自分の中で変化しはじめたのである。人は生きる限り学んでいくものである。それを支えるのが生涯学習の教育機関である図書館である。一人一人の人が生きていくことを支援していくところなのである。図書館という領域の中にとどまっていた考えが，更なる広がりを持つように自分の中で変化していったのである。

Ⅲ　調布市立図書館の取組み

調布市立図書館では，この読書会に参加した4人を案内役・事務局として，若手職員を対象とした『図書館の歩む道』読書会を 2011 年 1 月 19 日（水）に発足した。毎月 1 回，業務

終了後に行っている。事前に決められた箇所を読み，感じたことを述べ，意見交換を行う。現在約10名近くの若手職員が参加している。

　この学び合いによって，ランガナタン山に登っていきたい。

読書会で得たもの―日々に立ち向かう力

海老澤昌子（調布市立図書館）

　"図書館とはどういうものか？"

　こちらを図書館員だと知って，至極当然のように問いかけてくる人がいる。ごく単純な質問のつもりで，簡単に答えが返ることを期待している。しかし，私は躊躇し，同席している先輩職員に救いを求める……。そんな光景が幾度かあった。世間では，"ベテラン"と呼ばれるほどの年齢に達した今でも，その問いに答えは出せないままだ。

　"図書館とは何か？"それは，とても単純に思われるが，実は本質的な問いかけである。だから，簡単に答えを出すことはできない。そして「焦って答えを求める必要もない」というのが，この読書会で得た自分なりの回答かもしれない。

　"理想の図書館とは何か？""司書として，自分は何を目指していけばいいのか？"日々の業務に忙殺される苦しさに，自分の中に"核"を築きたいと思った。"図書館のあるべき姿"を自分なりに持っていれば，日常業務に埋没しそうになっても，迷うことはないのではないか。現場での苦しさを和らげるのは，自分の中の"力"でしかない。そのためには，図書館のことを学ばなくてはいけない。

　しかし，学生時代よりもっと熱心に勉強しても，相変わら

ずその答えは不明瞭なままである。だが、不明瞭であっても、日々、その疑問と向き合うことこそが、司書としての自分に課せられた役目なのかもしれない。

　そんなふうに大上段に構えても、その方策を学ぶ時間さえ捻出できない。おこがましくも比較をするわけではないが、ランガナタン博士の学問に対する厳しさには頭が下がる。と同時に、"図書館に対する学問"が、人間をそこまで追い込むものであることに少なからず驚いてしまう。司書として自立したいと願いながらもできないことの言い訳ばかりを探している私には、五法則の一つ一つが考えさせられるものばかりだ。

　「第一法則の出現で最も多くの影響を受けるのが図書館員である。図書館を良くも悪くもするのは図書館員である」という言葉には、責任の重さを痛感させられる。しかし、"なぜ図書館員が専門職でなければいけないのか""自分はそれに相応しい人間なのか"という、常に付きまとう自問に、この章は道筋を与えてくれた。「人の成熟と成長とがこの上もなく大切なことだから、それにかかわる司書の仕事をいい加減なものにしてはいけない」。そうであれば、自分という人間がどうであるかという以前に、"大切な仕事をさせていただいている"というその一点で、「司書である」ことに責任を持つべきではないか、そう感じた。自信を持てないことに甘えてはいけないという、新たな気持ちが生まれたような気がする。

　「いずれの人にもすべて、その人の本を」という第二法則は、大前提として「すべての人に教育を」という視点があってこそのものである。"本というものは、教育のためのもの"であった。"学ぶ"ことが万人のものではなかった時代に、切

実に本を必要とした人々が居たからこそ,この法則が生まれてきたのだろう。「すべての人」の中には,当然「読者」が居る。そして,読者には読者の「義務」がある。現代の図書館員が悩まされている利用者のマナーの悪さは,ランガナタン博士の時代から見られるものであった。そして,そういう読者に「義務」のあることを知らせるのも,図書館員がしなければならない基本的な業務のひとつなのかもしれない。

「いずれの本にもすべて,その読者を」という第三法則は,「本が働きやすい環境」を作るために,図書館員が努力すべきことを伝えるために見出された法則であった。

「本は利用するためのもの」ということが,少し前の時代には,特権を享受する人々によって抵抗を受けるものであった。今,私たちは,自由に本を手にとって選んだり読んだりすることができる。しかし,それがどんなに幸せなことか,気付いてはいなかった。自分はこの第一法則を本当の意味で"知っている"と言えるのだろうか？ 簡単に思えるこの言葉の中に真理があるとすれば,そこに内在するものを理解しているとはとても言えない。第一法則から始まる五つの法則は,やさしい言葉の中に,それぞれ深い真理を含んでいる。日々の図書館活動を真摯に行っていけば,いつかその真理に出会うことができるのだろうか。

「図書館学の五法則」は,ランガナタン博士が追求した図書館の法則であると同時に,すべての図書館員に向けたメッセージなのだろう。博士の時代から続く,図書館にかかわる者に課せられた使命なのではないだろうか。だとすれば,それを実現するために,図書館員は常に努力をしなければいけないのだ。改めて身の引き締まる思いがする。

『図書館の歩む道』読書会に参加して考えたこと，感じたこと

芦川　肇（足立区立中央図書館）

はじめに

　図書館や図書館員の在り方の原点を見つめ直すこと，そして，さまざまな経歴と考え方を持つ人の意見を聞いてみたい，というのが読書会に参加を希望した理由であった。また，参加者として常に意識していたのは，このなかでただ一人，東京特別区（23区）の公立図書館に勤務していることである。メンバーの多くが勤務する多摩地域の図書館は，1960年代後半以降，我が国の公立図書館サービスをリードしてきた地域にあり，現在でも特別区とは一線を画している。23区の図書館は，業務委託や指定管理者制度の採用度が全国で最も高く，このことは，図書館運営や各種サービス，そして選書に至るまで，さまざまな点で違いを生む。各論点において指定管理者制度の導入下ではどうか，を念頭において議論に参加していた。

なぜ今，ランガナタンか

　運営形態や専門職の在り方が混迷をきたしているこの時期だからこそ，この図書館情報学の古典に回帰することが必要なのだろう。当然のことを言っているとも思える第一法則から第四法則の奥深さには驚かされた。『図書館学の五法則』は，各法則を最小限の単語で表し，すべてを語らず，読者に思考の時間と義務を与えている。例えば，第一法則である「本は利用するためのものである」という自明のことが，図書館員

ばかりでなく，開館時間，家具，対話の問題にもかかわるとしているのがその一例である。また，レファレンス・サービスは単なる相談業務ではなく，図書館のすべての仕事を総合して一人の利用者のために働く仕事だ，と言っていること等は新鮮に感じるとともに，選書や分類等の日常業務の取り組み方や利用者への接し方に至るまで変化を生じさせるものである。

組織とリーダー論

ランガナタンが活躍した 20 世紀中頃と現代とでは，図書館の運営方法は大きく異なっていようが，公立図書館が税金で支えられている機関である以上，行政が責任を持って運営するのは当然である。各自治体の財政事情等により委託や指定管理者制度を導入するとしても，図書館政策の確立と，図書館員が専門職として研鑽を積むことができる仕組みを構築していくことが不可欠である。志のある図書館員が，自らの仕事に自信と誇りを持ち，ある一定期間勤務できる環境作りが必要である。そして，優れた辞書が定期的な改訂を行うことによって，精度を増すとともに，新しい言葉を加えてさらに魅力的になるのと同様に，図書館も選書や各種サービス，そして人事や施設面の整備に至るまで，見直すところはないか常に考えていく必要がある。小規模な組織では，一人の熱意ある有能な職員によってサービス内容が向上することがある。個の能力を否定する気持ちはないが，「館員全部が自分の名を出さずにすべての仕事をするつもりになるところまで個の主張を控えるべき」という言葉は肝に命じたいと思う。これこそが成熟した組織である。

社会教育機関たる図書館は，館長の能力にその活動が左右されることが多い。リーダーにとって長期的なビジョンと理論的根拠，そして説明能力と広報力は不可欠である。とかく静なる施設と言われ，その活動が抑制的になりがちな図書館こそ，その良さを知らしめることが重要である。それとともに，何事も時間をかけて実行することが大切である。ランガナタンも苦労したように，改革に対する抵抗勢力の存在はいつの世でも同じであるから，忍耐力もリーダーにとって必要な資質と思われる。

人材論
　この読書会に参加して痛切に感じたことは，図書館も最後は"人材"である，という至極当然の結論であった。図書館員は人のために働くという志向を持ったうえで，できれば複数の専門分野を持ち，判断力，自制心，科学的思考を兼ね備えることが大切だと改めて感じた。それとともに，歴史を紐解くことも重要である。図書館員は，各種の図書館サービスの前提として，図書館（文化）史を学ぶ必要があるのではないか。ともすれば，目先のサービスに注目が集まりがちだが，歴史を研究することが，図書館の本質を考えるうえで思考の出発点だと感じた。それとともに図書館情報学の古典を読み直すことも重要である。図書館法制定から60年，『市民の図書館』刊行から40年，そして『ランガナタンの五法則』からも80年が経過した。先人たちが築いてきた業績を回顧し咀嚼してこそ次の段階に進むことができると思う。
　『歩む道』にある，「優れたレファレンス・ライブラリアンに相談をすると，ただ当面の解決に至る助言だけでなく，話

合いの間に，考え方のさまざまな可能性や，新しい世界の展開を経験することがあります」というのは司書のひとつの理想形であり，深く幅広い教養と日々の研鑽をいうのだと解釈するに至った (p.214, 注5)。

まとめ

　全6回という多くはない回数ではあったが，きわめて密度の濃い時間を過ごすことができた。竹内先生と経験豊富な他のメンバーの考えをまとめたレジュメ類は，これからの図書館運営やサービスを考えるうえでの財産となろう。この経験を現場の職員に伝え，ひとりでも多くの図書館員が本書を読み自ら考えることと，それに基づいての議論とに期待したい。

　今まで，図書館員として多くの研修や研究会に参加してきたが，図書館サービスの各論的な研修が多く，この読書会のように，図書館や図書館員の本質を議論できる機会はなかった。それだけに貴重な体験ができたと感じている。学生時代に，研究室の指導教員から言われた，「考える"時間"ではなく，考える"回数"を増やしなさい」という教えを肝に銘じ，「図書館は成長する有機体である」ことの意味を考え続けながら今後の業務にあたりたいと考えているところである。

五法則の持つ広がり−私の学んだこと

大石　豊（千葉県立東部図書館）

　ランガナタンは，英国で進歩した図書館と遅れたままの図書館の両方を見て，図書館の仕事が個々別々な実務の閉鎖的で経験的な集合では，全体の見通しやつながりが見えず，将

来の発展が生まれるとは思えないとの疑問から、基本原理を求め、帰納法の適用に着眼した。課題点への気づきの感性と数学者としての洞察に基づいた解決法の発想に独自性がある。私はこの点に最も関心を持った。また、英国留学でのセイヤーズ氏との出会いや、多くの図書館の見聞が、数学者の資質を活かしつつ、インドの人々の成長と成熟のため、図書館の可能性に一生を捧げる要因となった。人の自立を育てることを目的とする教育によってインド思想に根ざした民衆の自己判断力を養い、それが、インドの社会や国力を醸成する基盤になると見ている。

本（著作：思想）と読者をつなぐ司書の役割

　第二法則「いずれの人にもすべて、その人の本を」は、一人ひとりへのサービスを目標にする。その人に適した本とは、一人の成長と成熟において自分のペース（理解の速度）に適し、自分の言葉で自分の考えをまとめるための読書と思考ができる本である。第三法則「いずれの本にもすべて、その読者を」では、本の個性を明らかにして働きやすいようにする。著者の著作・思想が本の個性となったものであり、本は読者にとって創造的思考を生み出すため、読んで利用するものである。①本（著作：思想）を創造した著者、②本、③著者と読者を本でつなぐ司書、④本を読んで利用し、創造的思考を生み出す読者という4つの視点で考えよう。司書は、一人ひとりの利用者のため、図書館サービスを総動員してレファレンス・サービスを行う。利用者の資料や情報への要求（潜在的要求を含む）をできるだけ誠実に理解し、その人が探し求めている課題に適した本を媒介に、次の思考や調査への展望

が開け,解答の糸口が見つかるよう,利用者を支援する働きが司書の役割として大切である。つまり,一人の利用者としての読者と,一冊の本との化学反応の触媒としての司書の働きが,読者の創造的思考を生み出すことにつながるのである。そこで,司書は学識を必要とするし,また,知識の諸分野への探究心,読者の知的探求への共感が,選書やレファレンス・サービスなどの基となる。第四法則「読者の時間を節約せよ」を実現するためには,図書館のすべての活動を組織することが求められており,例えば,レファレンス・ネットワークを構築し,駆使することも重要なものの一つである。

五法則の視点

　図書館のサービスの質を測り,改善するため,図書館サービスの構造や過程を,指標,要因分析,対策案の実施,結果の評価で捉えることがある。ISOの図書館パフォーマンス指標(改訂版)にバランストスコアカードの4つの視点(①情報資源・アクセス・基盤,②利用,③効率性,④発展可能性〔学習と成長〕)が入った。図書館の理念や基本原理との適応において五法則との間に強い共通性が認められて興味深い。

　五法則は,図書館の成長やすべての人の教育にかかわり,実践的な省察により成長する専門家である司書にとり,現在の諸課題に直面する中,洞察の糧や励ましの源泉である。

ランガナタンの掌の上で

田崎　淳子（東京大学総合図書館）

　国，館種，雇用条件，また実務者，研究者の別を問わず，図書館で働く私たちの仕事がたった五つの志に集約できる。改めて考えると，これは本当に驚くべきことだと思う。『図書館の歩む道』をガイドにして『図書館学の五法則』に取り組んだこの読書会は，予想以上に楽しいものであったと同時に，図書館で働く自分をランガナタンの目を通じて顧みることになる，予想以上に厳しい経験でもあった。

　五法則は平穏な机上で生まれたわけではなく，高い理想を持って勤勉に働く一人のインド人が，目の前の困難な状況を打開するために図書館実務の中で「発見」したものである。先人としてのランガナタンのその姿を自分たちに重ねると，この五法則の成立背景は，現代の図書館の課題に取り組む私たちをほのぼのと温かく照らし，前進を促す力を持っている。

　『図書館の歩む道』が示してくれた「すべての人に教育を」という補助線を引いて考えると，20世紀初頭のインドでランガナタンが目指したものが，どんなに高邁であったかがさらによく見える。第一法則や第二法則の実現のために図書館員の責任や義務が説かれているが，これらは現代の日本でも通用する普遍性を備えたもので，繰り返し読んでいると，身に刺さるようにこちらに迫ってくる。

　もちろん，80年の間に図書館を取り巻く状況は大きく様変わりした。取り扱う資料や情報が多岐にわたり，業務の位置づけと比重が変わり，図書館という組織のあり方もまた変化を遂げている。だが，"Book"という言葉を，文字通りの「本」

だけではなくドキュメンテーションを含む幅広いもの，としてランガナタン自身がとらえていたことからもわかるように，五法則は「法則」と言いながら固定的な存在ではない。第五法則の「成長する有機体」も，最初は器としての図書館を指していたはずが，後には変容を繰り返して成長していくその姿を表すように意味が広がっていった。五法則はまたそれ自身が成長する，という自由で柔軟な性格を持っているのだ。

　結果として，今日図書館が扱っている情報やサービス，その利用者，提供者もこの五法則の上で言い表すことができるし，"Library"という言葉を，場を限らず情報を収集し提供する機能そのもの，と拡張して考えることすらできる。結局80年を経ても，五法則は古くなるどころか今でもむしろ新しい存在である。私たちはどんなに遠くへ行ったと思っても，まだランガナタンの掌の上を飛びまわっているだけなのかも知れない。

　第三法則や第四法則で示されている，目録とそれに携わる職員の重要性については，私自身が現在職場で目録業務を担当しているため，少々複雑な心境で読み進めることになった。しかし，ともあれ情報と利用者とを結びつけるツールとしての「目録」は，これもまた柔軟に形を変えながら生き続けるものに違いない。

　30代でマドラス大学の図書館長となったランガナタンが，恩人ロス教授の勧めを受けてまず現場で取り組んだのは，未整理図書の目録作成だった。その経験と知識を経てコロン分類法を生み，図書館全体のあり方に目を向け，館種を越えた図書館全般に通じる視点を持って活躍することになるのである。このエピソードは現在の私にとって，特に強く心に残る

ものとなった。

　『図書館の歩む道』は『図書館学の五法則』とランガナタンの考え方を，竹内先生の目を通じて示してくれる良き指南の書であった。この五法則を今どのように咀嚼し実践していくかは，現場にある私たち読者に対してランガナタンから与えられた宿題だと思う。私たちは自分自身が編む『図書館の歩む道』によって，それぞれの労作に応えることになるはずである。

読書会を経てランガナタンの原書を読む

叶多　泰彦（市川市中央図書館）

　「図書館の歩む道」[1]の読書会は，仕事に追われる毎日から離れ，静かに瞑想をするような新鮮な経験であった。その後にランガナタンの原書[2]を読むと，図書館哲学とでもいえるような思索の世界に入り込み，根本のところからの図書館の理解を希求するようになってくる。一方で，読者としての個々の図書館員が置かれている状況により多様な「読み」が可能であることにも気づき，この著作のスケールの大きさ，奥行きの深さをあらためて実感する。図書館のあり方や運営に関心がある現在の筆者にとって，読書会や原書を読む体験は，このような関心事を軸とした「読み」を行うことであった。

　例えば，日本の公共図書館が抱える根本的な問題の一つは，図書館経営の手法がまだ確立していない点であると個人的には考えている。特に1960年～1970年代頃の中・小規模の図書館を運営する発想から，現代の大規模図書館を運営する発

想への転換が意識的に行われてはおらず，その経営ノウハウが形成されていない点が課題である。こうした問題意識に合致した指摘が次の一節である。

> The frequent recurrence of this fatal mistake in library matters is due to the failure to realize a fundamental fact, viz., an organization which may be suitable for a small library may completely fail when the library grows big. (p.384)

職員がルーティーンワークに割かれる時間を減らし，レファレンスワークにもっと集中することが利用者の時間を節約することにつながると主張する以下の一節は，行政改革下にある現代日本の公共図書館にとって，真摯に受け止めるべきものである。

> It follows as a corollary from this that the Fourth Law implies also that the time of the staff spent in routine work should be minimized as much as possible. (p.368)

ランガナタンの「五法則」を思想的に根底から支えているのは教育という概念である。教育によりもたらされる知識が，民主的な社会を支えるという信念も感じ取ることができる。知識の普及のための図書館について，力強く説いているのが最終章の次の一節である。

> But the vital principle of the library — which has struggled through all the stages of its evolution, to be its distinguishing feature for all time to come — is that it is an instrument of universal education, and assembles together and freely distributes all the tools of education and disseminates knowledge with their aid. (p.415)

パブリック・ライブラリーとは，知識を得たり，自分の考

えをまとめたり，発表したり，他の人たちと議論をしたり，公共的な意思決定をする材料を揃えたりする，パブリック・フォーラム的な性格を兼ね備えているものと，ランガナタンを読んでいてあらためて理解した。政治・経済・社会的な行き詰まり感の増している現代の日本において，あるいは地域社会において，図書館という存在が果たしうる役割には非常に大きなものがあると感じた。

　ランガナタンのこの本は，図書館の現代的意義を探し求めながら読んでいる読者に，自らの道を見失わせないものを持っているという意味で，古典の力を兼ね備えた図書である。読み手側の批判的継承を前提として，長く読み継がれるものと思う。

注
1) 竹内悊解説『図書館の歩む道：ランガナタン博士の五法則に学ぶ』日本図書館協会，2010，295p.
2) Ranganathan, S.R. *The Five Laws of Library Science*, Ess Ess Publication, 2006, 458p. 本稿の引用（ページ）はすべてこの本に拠った。

(3) 図書館実務から見て

熱心な改革者ランガナタン

荒井　壽惠（中央大学附属中学校・高等学校図書館）

　ランガナタン読書会で学んだことの一つに，今行われている実務には，どんな経緯があって採用され，現在の状況では適切かどうかを問い直すということがある。私はそれを第四

法則に絞って考えてみようと思う。

　勤務先は学校図書館としては規模が大きく，開架が一般と書庫の2層，閉架が1層ある。書庫を開架としたのは第四法則にかなっている。しかし，創設時に比べ余裕のなくなった排架や別置の多さ，読めなくなった手書き背ラベルなどが本を探す時間をふやしている。読者である生徒の時間を節約するために何ができるだろうか。

　技術的には，表示案内板の充実，検索システムへの排架図組み込み，排架修正，システムからの背ラベル印字などの方法が考えられる。人的にはフロアワークをふやして生徒とコミュニケーションをしやすくする，図書館利用教育の時間を設けるなどの方法が考えられる。

　これらを実行するためには，職員の時間配分や仕事内容の見直しが必要となる。現状では，目録・装備など受入作業にかかる時間が職員の総時間の約7割を占める。フロアにでるどころか，本来は司書室内での仕事を作業場ではないはずのカウンターに持ちだしている。もちろん生徒は手作業をしていない職員の方がききやすいので，これでは第四法則にそむいてしまう。

　第四法則は図書館実務の正論であり，実務とは細部である。例えば，背ラベルの更新というような「外からは些細に見えること」は，やりぬくことではじめて意味をもつ。また，目録作業における「機械的な手仕事に費やす時間をできるだけ減らすこと」で職員の時間を節約し，それをレファレンス・サービスに振り向けるように促すのだ。

　しかし長い間続いてきた仕事の流れを変えることには困難がともなう。ランガナタンが，時間の節約という観点を持っ

たのは，職場の慣習や既得権と闘う熱心な改革者だったからではないだろうか。私もランガナタンについて以前よりは深く考える機会を与えられたので，一つひとつ図書館実務の無駄を省き，必要なことを加えたいと思う。たとえば，1冊の本にかける手間・時間・金額をはかってみたらどうだろう。あるいはレファレンス記録を充実発展させて選書や授業に役立つ新しい図書館実務をひらいていくことも考えられる。つまり第四法則の真摯な実践が第五法則を準備する，第四法則があるからこそ第五法則へ進めるのだ。

　読書会では参加者の意見に触発されて，第五法則のいう「成長」をより豊かにとらえられるようになった。発達段階に応じた規模と蔵書で本を探す練習ができるという。小さくてもそれがあることの有効性に初めて気づいた。確信をもって，昨年開設した中学校図書館の業務に邁進できると思う。

　考えてみるとこれは，ランガナタンが図書館の仕事を始めてから五法則の発見に至るまでを追体験することでもあった。図書館で働く人がそれぞれに実践してみて，その考えを持ち寄って検討するなかで流れが変わっていけば，それが今日の五法則の実現ではないだろうか。

五つの法則と図書館員のあり方

　　　　　　　　　　　　　　関　徹也（調布市立図書館）

　今回の読書会に参加するまで，五法則の中に，図書館員のあり方について大きく言及されているとは思わなかった。五法則から導かれる図書館員の条件と資質は厳格なもので，あるべき姿を規定している。『図書館の歩む道』を再読して，

ランガナタンが図書館職員論―職員のあり方を述べている部分に非常な感銘を受けた。

本書 68 ページの「第一法則で一番大きな影響を受けるのは図書館員である」という指摘はまさしく「目からうろこ」の文章であった。誰のため何のために職員は図書館にいるのか？「本は利用するためのものである」という第一法則が規定する館員の「あるべき姿」は，シンプルであるがゆえに揺るがすことができない。図書館の本はすべてこの「利用」という目的のために存在し，そのために収集・整理・保存・提供の流れが生まれる。つまり，現代図書館の原点「利用者あっての図書館」という命題が明確に導きだされている。

図書館を良くするのも，悪くするのも人によるというのは，第一法則をどれだけ自分のものに咀嚼しているかにかかっている。利用者を迎えるにあたり，来館者を歓迎し明るい態度と礼儀を失ってはいけないという，ごくごく普遍的ではあるが，なかなか実行されていない接遇のイロハをきちんと踏まえて，ランガナタンは図書館員一人ひとりが人の心の動きを知るように努めるべきだといい，読者の内面を重んじる対応を求める。読者のためらいに配慮し，その人が援助を求めているか否かを最初の出会いで判断することは，カウンターにいる者にとって毎日が試されているのである。しかし一朝一夕にいかないし，空回りしてしまうことも多い。人を知り，資料を知り，人と資料とを結びつけるという難しさの入り口がここにある。

次に，図書館員の持つべき絶対要件として，社会的サービスをすることに熱意をもつ図書館員が，はじめて第一法則が求める高い水準の図書館員たり得ると述べる。つまり「人の

ために働く」志向,「人の喜び」を自らのもととすることが絶対不可欠としている。図書館員を作り上げるのには,学識を養うこと,専門教育を受けていること,高い給与を得ていることのどれもが必要であるが,学問性は無気力な独占に,専門性は尊大な自己満足に,高い給与は官僚的冷淡さに陥る危険性を持つ。この指摘は,現在の日本の図書館員にとって極めて耳の痛い指摘ではあるまいか。

職員論はまた,「第二法則とその意味」の中でもさらに深められている。図書館員は読者のために図書館にいることを,深く理解する。人は一人ひとり違った存在で,それぞれにその人に適した本がある。そのために図書館員は,人の多様な要求についてよく知らねばならず,またその違いを重んじなければならない。なんのために,職員が図書館にいるのかを説いたこの一文は日常業務に流されがちな自分たちに,常に自分の仕事を振り返ってみることを求めている。

「図書館は成長する有機体である」との第五法則は私たちに,仕事に対する勇気と希望とを与える。しかしながら,成長のためになにが必要なのかを考えたとき,たいへん怖い(責任が重い)言葉だと感じている。職員は,読者(社会)の中に図書館への好意的な世論を育てるためにも,あきらめず,粘り強く働き続けなければならない。人に認めさせるには,職員の働き以外にない。つまり図書館の成長のために館員は原動力となる反面,ブレーキともなると読み取れる。図書館の仕事は経験を積み,深めることで,館の中にいる限り,ある程度応用というか,つぶしが利く面があることは否定できない。しかしながら,館員がその地位に固執したり,変化することを恐れたりすれば図書館は成長を止め,そして組織の

肥大化とともに衰退につながっていく。この警鐘は，専門職を考える上で非常に大切な視点であると思う。自分の勤務する調布市でも，かつて図書館の委託問題が起こった。また，数年前には多摩地域におけるいくつかの自治体においても同じ問題が起きている。いずれも 70 年代の図書館運動をリードし，専門職とされる司書の採用をおこなってきた図書館である。委託問題をすべて，職員問題と結び付けてしまうことは短絡的かもしれないが，専門職集団を多く有する自治体の図書館から発せられた意味の重さを常に振り返る必要があるだろう。

調布市立図書館では，今，若手職員を中心として本書の読書会が開かれている。いかに自己変革をはかるか，読者の喜びを自分の喜びとして感じ受け止めることができる職員が増えていくか，ひとりひとりが問われている。

図書館は人のために，人がつくる

蓑田　明子（東大和市立図書館）

今回の読書会では，ランガナタンの思考の広さ，深さや，それを読んだ参加者の感想の多様さに圧倒された。一方，自分の目指す図書館像と通じるものが多くあり，80 年前のインドの書物と共感できた。それは険しく遠い道だが，共に歩む人たちの存在を実感でき，「母なる海」のような安心感があった。そして，自分の中にいろいろな考え方の種が播かれ，図書館や仕事について考え直す機会となった。このレポートは，『五法則』から，図書館をめぐる人たちに関する記述を手掛かりにまとめた。

1．図書館員：ランガナタンが求める図書館員像は，「熱意と高い専門性を持った無欲な奉仕者」とまとめられるだろう。挙げられている図書館員としての心構えやなすべき仕事は，私自身も必要を感じつつ，実現できていない内容が多くあった。それらはさらにイメージが膨らむように表現されていて，刺激的だった。また，図書館員は「自分も学ぶ者の一人」という態度が必要と説かれているが，これは専門性を高めるためにも，利用者の「知りたい」に共感して，図書館サービスを進化させるためにも欠かせない。また，広報の方法にも多く言及しているが，あらゆる機会を捉えて，図書館や本の有用性をアピールする姿勢はとても重要だと思う。しかし，自分たちの仕事を振り返ると，利用者に遠慮させないためや，図書館の仕事をわかってもらおうとする意欲が足りず，とかく日本の図書館員は広報が下手だと思う。

　2．利用者：あらゆる立場や境遇の人を利用者と捉えていることに，ランガナタンの先見性を感じる。現在でも「あらゆる人にサービスを」と標榜しながら，実際には「あらゆる人」が「私の居場所のある図書館」と思えるサービスは実現できていない。とはいえ，『五法則』は私たちがあるべき図書館像を目指していくための指針であり，悲観せずに，今から努力をすればいい。利用者には図書館を利用し，成長する権利があるが，一方で「利用者の義務」にも言及していたのは興味深かった。例えば図書館規則と利用者の関係は，「困った利用者対策」という視点が多いが，ランガナタンは「みんなで利用するための規則」と言い，「利用する権利を保障する」ことに重点が置かれている。このプラス思考の発想は，もっと図書館員・利用者とも重視すべき視点である。

利用者の義務は「無料の原則」を支える視点としても重要である。まず，図書館は貧富の差に関係なく「みんな」が使えるサービスでなければならない。そのためには，運営資金を「みんな」で応分に負担する必要がある。図書館の有用性をより実感できれば,「喜んで税金を出す市民が増える」という発想は新鮮だった。これは福祉の北欧モデルとも通じるもので，納得できる。図書館の意義をより理解する住民が増えるためには,「みんなが使える図書館」を実現しなければならない。待つ姿勢でなく，図書館員が仕掛けて連環作用を起こすべきだろう。

　ランガナタンは多くの為政者が図書館に否定的なのは,「自己保存の直感」のせいだと言う。これは的を射ていると思う。本来，為政者は自己満足のためでなく，住民が豊かになるために存在する。社会を良くする為政者は，利用者の立場で図書館の有用性を実感し，その発展のために図書館員と同じ立場で，図書館を育てる側に立てる人だろう。そうした為政者が出現するには，それを推す社会が必要である。そのためには本当の民主主義を支持する住民が育つことが必須であり，そこに図書館の存在意義がある。

　誰もが満足できる図書館サービスを実現することが，豊かな社会の実現の一助になると確信した。

一人に1冊の本を結びつけることの大切さ

島　弘（福生市立図書館）

『図書館の歩む道　ランガナタン博士の五法則に学ぶ』を通して，図書館学の五法則を学ぶこと，図書館とは何かを考

えることが学習会の目的でした。この本にはこれからの図書館の道筋を考えるヒントが散りばめられています。そこで私は五法則を理解するために、以前から関心をもっていた図書館のコレクション形成の考え方を切り口に考えてみることにしました。

　五法則から見えてくるコレクション形成の考え方は、本は利用するためにあるという原理を基盤として、読者を知り、潜在的なものを含めて要求を理解すること、収集分野の専門化と図書館間の連携を進めるということ、そしてコレクションは成長していく、ということができます。

　コレクションは利用のために形成された本の集積であるため、利用との関係が見えてこなければなりません。ランガナタンはそのことを「一人とその人の適書1冊を結び付けること」と明確に述べています。コレクションはあくまで資料のかたまりであり、それが動き出してはじめて図書館が機能したことになります。今、この「一人」に結びつけるという視点をもっと考えていく必要があると思います。結びつける働きには、レファレンス、読書案内、読書相談、ブックリストの作成、排架の工夫、資料展示などが浮かんできます。

　たとえば、竹内先生がニューヨーク公共図書館の児童図書館を見学したときの話として、はじめて図書館に来た子どもに、図書館員は、子どもの興味、読書力などを判断し、その子向きの本がある棚を案内していたという話がありました。それは医者のようであったと表現されました。的確な読書案内、読書相談であったということだと思います。このことは子どもだけではありません。今、多くの利用者が来館されるなかで、そのことの徹底がどこまで図られているのか。

今日，インターネットの普及により，情報を迅速に収集することができる時代になりました。レファレンス・サービスの内容も大きく変わってきています。しかしながら，インターネットで解決できない質問も数多くあるだけでなく，利用者と接していて，本当にほしい資料や情報に行き着いているのか疑問をもつケースもあります。人対人というか，利用者と図書館員の関係のなかで，的確に資料や情報を提供することの大切さはより大きくなっています。

　ランガナタンはこの「一人」を対象とした図書館サービスの大切さを繰り返し述べています。それは何故なのか。

　ひとつは教育からの接近です。ランガナタンは図書館の基礎には教育があり，その教育に役立つのは図書館であると位置づけています。教育についてランガナタンは「人というのはほとんど差がないものだ。そこに違いが見えるのは，育つときの指導の善し悪しによる。本人に向かない指導や，まったく誤った指導がなされることがあるものだ」（『歩む道』p.46）といいます。ランガナタンはこの教育観を図書館に援用し，ただ本を提供すればよいのではなく，「一人」の発達段階や興味・関心に対して適書を提供することが，成長・成熟につながると考えていたのでしょう。このことは自動貸出機の普及で象徴される今の図書館の状況のなかで何が大切なのかを示唆しています。

　二つ目は社会のなかでの図書館の役割です。ランガナタンは「人びとが情報や知識を自由に手に入れ，それによって考え，自分の成熟・成長を図る。みんながそうなることによって民主主義社会が成立する」（『歩む道』p.20）と考えています。そのための原点は「一人」の成熟・成長なくしてはありえま

せん。ランガナタンは変化する社会のなかで「一人」の成熟・成長が不可欠と考えていたのでしょう。その背景にある当時のインドの独立と、その後の人の独立というランガナタンの胸中に秘めた想いは、初版から80年を経た現代の日本でも十分に通用する考え方であるばかりでなく、ますます重要な考えとなっています。今、図書館の存在理由として「一人」へのサービスをもっと意識的に組み立てることがこれからの図書館に求められているのだと思います。

「図書館学の五法則」と『市民の図書館』『買物籠をさげて図書館へ』

小池　信彦（調布市立図書館）

　本稿は、筆者の勤務する調布市立図書館の歩みから図書館運営の基本理念を確認し、「市民の図書館」との関係でどのように理解すべきかを考察するものである。「図書館学の五法則」との関連では、読者・市民の学習という視点から考察する。

　1970年に刊行された『市民の図書館』は、当時の図書館イメージを大きく変えたものである。学生や研究者が閲覧利用する図書館から、貸出によって幅広く市民が利用する図書館へ転換するきっかけとなっている。『中小都市における公共図書館の運営』（1963年、『中小レポート』）を批判的実践するかのように1965年から活動を開始した日野市立図書館の実践報告ともいえる。

　調布市立図書館は、日野市立図書館に続き1966年から活動を開始した。

当時の本多市長は「市民にとって図書館とは何であろうか」という自身への問いかけを持っていた。ベッドタウンとして町が形成されつつある状況の中で，市民文化創造が必要である，市民の連帯が必要であるという課題を，図書館の持つ文化的機能に託している，ということを述べている（本多嘉一郎「私の図書館構想」『図書館雑誌』1969.11）。

　市民文化創造のためには，市民の身近に図書館が必要であり，買物籠をさげていけるところに図書館を作るというコンセプトを市長は最初から持っていたようである。館長として着任した萩原祥三は，市長の思いを共有しながら図書館活動を進めてきた。

　調布市立図書館は，分館による全域サービス，児童への徹底したサービス，読書会・サークル活動といった集会行事活動が特徴とされているが，『中小レポート』で示されたモデルを忠実に，調布という町で実践したものである。このことは「図書館作り初期の頃　中小レポートに学ぶ」で萩原が述べている（『図書館雑誌』1978.7　『買物籠をさげて図書館へ』採録）。

　1970年代前後に活動を始めた図書館は『市民の図書館』を実践した図書館と一般には理解されているが，調布市立図書館は『中小レポート』を教科書に活動していた点が特徴であり，『市民の図書館』以降の図書館と大きく違うことは，集会行事活動に積極的に取り組んだことにある。すなわち，図書館が住民に積極的に働きかけ，読書会を組織し，調布では，市民が連帯する組織として「調布ブッククラブ」を組織し，分館建設とともに，市内に活動の輪を広げていった。萩原は次のように説明している。

　"我々の図書館では単に本を貸すという仕事に終始せず，

図書館は社会の秀れた学校であり,市民の自己教育の不可欠の機関として考えている。どこの図書館でも行っているレファレンスだけではなく,学習を組織し,学習のための資料を整え,学習のあらゆる可能な機会を用意し,本の紹介を行い,児童に対する働きかけを実施し,学習をもセットし,市民がいつでも,どこでも,何でも学べる学校としての役割を果たそうと努力している。(中略)資料を不断に調べ,資料検索の能力を増すために研究し,資料を媒介にする教育的な技術についての研修を積み,さらに深めるために,年月から年月をかけて個人の中に蓄積していかなければならない仕事である。"(「図書館の仕事」『調布市立図書館活動報告書』序文　1978年度　『買物籠をさげて図書館へ』採録)

ランガナタンの提唱した「図書館学の五法則」は,「すべての人に教育を」を基底としている。読者は本とのかかわりによって「自立」し,それは,地域・国・世界の発展につながるものである。

読者が昨日よりは今日,今日よりは明日,少しずつ成長すること,変化することによって,まずはその人が変わり,そのまわりの人々が変わり,社会が変わっていくことが教育の意義と考えると,図書館の働きが重要であり,社会に必要であることがわかってくる。

そのためには図書館の働きを効率よく,効果的に発揮するために五法則を理解し,行動することが有効である。

萩原が司書に求めている力は,五法則の第二法則「みんなが自分の本を見つける」ようになるための積極的な援助,第三法則「本と人とを結びつける」ための人の働き,目録の使い方や本の選び方について読者を援助,第四法則の読者の時

間を節約する援助,そうした力に通じると考えることができる。

　萩原とともに働き,調布市立図書館の土台を築いてきた先輩職員に聞くと,萩原が求めていたこと,考えていたことが最近になってわかってきたと言う。走っている本人は目の前の状況に注視しがちであるが,監督であるものは全体状況を把握しながら指示をしている。ランガナタンの提唱する五法則を,今後,図書館運営を考え,実践する中で,全体状況を把握し,判断する際に指針としていきたい。

(4) 今後の図書館サービスを考える

五法則を実現するために

返田　玲子（調布市立図書館）

　ランガナタンの五法則に初めてであったのは大学の時だった。大変印象深かったにもかかわらず,時の経過とともに夢の中のことばのようになっていた。

　あらためて五法則を学ぶ機会を得,80年前のことばであるのにまったく古びていず今日の課題でありつづけている点,裏に含む膨大なものに圧倒されてしまった。

　このレポートでは,五法則をもとに日々の仕事の中で五法則を実現させる方法について考えてみた。本は利用するためにあるという考えが共有されているだろうか。いずれの読者にもその人の本が届いているだろうか。どの本でも読者が手に取れるように工夫できているだろうか。提供までの時間を短くするためにできることが,もっとあるのではないか。そ

のようなことを考え，表にしてみた（p.150参照）。

　表の項目のひとつひとつが1冊の本になるような内容であろう。また，根本的な解決のためには，雇用や研修も含めた組織的な対応が必要となるものもある。

　ランガナタンの五法則を学び，利用者からの要望にこたえる際に五法則を基本に考えるようになり，すっきり解決することが多くなった。

　しかし……読書会メンバーの中に，ランガナタンの言葉はよく切れる刃物のようだといった人がいる。この刃物はとても危険かもしれない。切れ味のよさに酔うことなく，切って捨てたものを立ち止まって確認できるゆとりがほしい。

　東日本大震災の被災者から「あのがれきの山がどうにかなるとは思えなかった。もうだめだと思った。でも，ボランティアの人たちが来て，今日はあの排水溝をすこし，翌日は……と本当に少しずつ作業することでここまで片付いた。人の力はすごい」とのことばをきいた。

　一人の職員にできることはわずかであるが，日々積み重ねることで全体として大きなことができるかもしれない。もう一歩がんばらなくては。

来館できない,あるいは来館しても目的を果たせない読者

	図書館の考え	利用者の感覚	事故や災害のときに
その理由	**図書館の立地条件** ・時間的,地域的な制約のため来館困難 ・高齢や障害,けが,病気,入院,施設入所など（知的障害者とその同伴者をも含む）	図書館は使いにくい ・読者は心身共に疲労する	事故や災害 ・きわめて不安に思う。
図書館の対応	**来館しなくてもよい方法** 　（Web,電話などでのサービス受付・提供を考える）	・図書館の配布物による案内。	事故対策方針の確立と周知
	来館を支える方法 ・送迎サービス ・バス路線に図書館を加える **図書館以外での貸出・返却窓口増設** ・必要な資料の配達（郵送,宅配,職員やボランティアによる）	館内での配慮 ・館内のサインの絵や文字の大きさを工夫し,わかりやすいものにする ・移動の援助提供(車いすなど) ・照明・空調・家具・書架などの使いやすさ ・見やすい背ラベル ・飲食スペースでの疲労軽減	避難方法の確立 ・避難場所と経路の確定および安全確保 ・図書館員自身の避難・誘導方法の熟知とそのための訓練

図書館が提供するサービス	ホームページの充実やWeb上での電子書籍や録音図書の活用 ・通常資料に加え，点訳，音訳，データ，拡大，媒体変換，手話サービスの充実 ・読書のための機器 ・周囲が気にならない閲覧施設	利用法がわからない，使い難い ・案内サービスの充実 ・要望の把握 ・機器使用法の懇切な説明 ・ホームページでの本の面展示 ・本の鮮度の維持	災害時の迅速な情報提供 ・災害情報 ・被災状況 ・避難所 ・通信手段 ・援助物資 ・行政情報 ・安否情報 ・気持ちを支える読書の提供
図書館員の任務	職員研修と義務の自覚 ⇒ 日常の仕事への反省	利用者全般へのPR。みんなで分け合って使う ⇒ 利用者もまた義務を持つ ・図書館の利用法 ・来館者の身体的条件認識と対応	利用者の一人でも事故者を出してはならないという図書館員としての強い意志

あとがき

　『「図書館学の五法則」をめぐる 188 の視点』というタイトルはいかがでしたか。あの五カ条の理解にそれだけの切り口が必要なのか，と疑問に思われたかもしれません。しかしこの読書会では，13 人が毎回少なくとも 5 ～ 6 項目の疑問や感想を提起して半年以上にわたったのですから，その合計は 400 を超えます。ランガナタン自身もあの 26 語を解説するのに 12 万語を費やしました。ここで 200 だ，400 だということ自体，無意味なことになりましょう。

　それでもこの 188 の問いかけを貴重とするのは，読書会員一人ひとりが自分で疑問を持ち，それについて考えようとしたからです。もしそれをしなければ，五法則は単なるスローガンに終わるでしょう。五法則を生かすためには，人の言葉を受け取るだけでなく，自分で考える必要があります。そして，読み手が違えばこの問いかけも違ってきます。同じ人でも，読む時期が違えば，また別な問いかけになりましょう。そこから本書とは別な問いかけが生まれ，別な読書会が成立するでしょう。その違う考えを持ち寄り，まとめ，分け合うことで新しい解釈が生まれ，それまでの単なる記憶とか断片的な知識が，考える人の中で活動を始めます。そして「図書館とは成長する有機体である」という言葉が比喩ではなく，社会的存在としての実態を示すようになるでしょう。そこからそれぞれの設置母体の中で，その図書館の理念が育つので

はないでしょうか。

　今日，世界のあちこちで，図書館の利用価値を中心にした議論が盛んです。それはもちろん必要ですが，もうひとつ，図書館の理念を足元から検討する必要があると思います。人類がこの地球上で「過去に学び，現在を考え，未来を設計する唯一の生物」として賢く生きるためには，考える材料の確保が必要です。一方，知識や情報の極端な多様化と大量化が危機的な混乱を生む恐れのあることも予想されます。それを乗り越えるにはさまざまな叡智を集めなければなりませんが，ランガナタンの言う Library Science（生命科学と同じような使い方としての図書館科学）は，その基礎理念の一つです。

　本書はわずか 150 ページほどの小さな存在ですが，それでも 13 人の真摯な取り組みの報告です。一人ひとりの変化・充実を目の当たりにし，その結果をまとめ得たことを，まことに嬉しく思います。このような試みが育てられて，やがて国内で，また海外との間に「図書館とは何か」についての意見交換が盛んになり，「人が生きることを支える図書館」の充実に役立つことを，ひそかに期待する次第です。

　　　2012 年 3 月　　　　　　　　　　　　竹　内　悊

事項索引

本書は読書会員の発言を記録しています。そこで，索引語の選定にあたっては，その人の表現を生かすように努めました。すでに図書館の用語となったものは「図書館」のもとに集めました。

【　】の中は文中の項目番号で，【1】から【188】まであります。○の中はコラムの番号，その後はページ数です。

[あ行]

ISO 図書館パフォーマンス指標
　………………………………… 130
アトランタ市立図書館 ……【121】 74
石井桃子 ………………………【150】 85
為政者と図書館 ………………… 142
移動図書館 ……………………【60】 47
　―牛車 ………………………【60】 47
インターネットとレファレンス
　・サービス ……………………… 144
インド
　―社会事情 …………………【11】 21
　―生命観・人間観…………【58】 46
　―独立運動 …………………④ 51
インド人―自覚 ………………【11】 21
受入作業（目録・装備）……… 136
エスプレッソ・ブックマシーン
　………………………………【53】 41
大橋図書館 ……………………⑤ 59

[か行]

開架制 ……………………【117-120】 73
『買い物籠を下げて図書館へ』…… 146
書き直し ………………………………… 14
学習遅滞者 ……………………【54】 43
貸出し一冊数制限 …………【105】 68
仮説 ……………………………………… 14
学校司書 ………【63】 50, 【188】 105
学校図書館 ‥【63】 50, 【171】 94, 136
カーネギー，A.
　………【72】 55, 【84】 62, 【87】 62
韓国 ………………………………【6】 18
韓国図書館協会 ………………⑩ 114
韓国図書館情報学会 …………⑩ 114
館長の仕事 …………………【162】 90
機会均等―大学図書館 ………【54】 43
基本的人権 ……………………【33】 30
教育 ……………………【30】 27, 134
　―機会均等 …………………【53】 42
教育の逆戻り現象 ……………【73】 56
業務委託 ……………………【136】 81

索引………155

クロイドン市立図書館	【10】20
広報	【109】71,【126】75
小寺啓章	【150】85
子ども文庫活動	【188】105
個の主張	【169】93
五法則	
―隠れた法則	111
―構造	⑦79, 111-113
―成長	132
―循環	113
―テキスト	110
―動詞の省略	【55】44
―図書館の基本原理	121
―表現	108
―理解	120
―連関性	【2】17
五法則のイメージ	⑦79
五法則の発見	【49】38
コロン分類法	【18】23,【129】77

[さ行]

斎藤尚吾	【59】46
再配置	【122】74
産業革命	【60】47
サンバンダールの逸話	【58】45
時間―読者の	
	【131】80,【139, 140】82
時間の節約	130
自己保存	【59】46
司書　→　図書館員を見よ	
司書の役割	129

自治体の首長	【77】60
指定管理者制度	125
自分の仕事の反省	【50, 51】39
市民教育	【53】43
市民の知的情報源	【171】94
『市民の図書館』	127, 145
市民の働きかけ	【63】49
社会教育	【23】25
ショアーズ，L.	【144】84,⑧86
生涯学習	
	【52】41,【79】61,【125】75
情報弱者	【53】42
証明	14, 15
女性の地位	【60】47
女性の読書普及	【54】43
進化論と五法則	【158-160】89
すべての人に教育を	
	【78】60, 123, 142
―補助線	131
住友吉左衛門	⑤59
政治的本能	【59】46
成長する有機体	【154-159】88-89
セイヤーズ，W. C. B.	【15】22
船員サービス	【53】42
潜在的利用者	【125】75
選書　→　本を選ぶを見よ	
相互理解	【103】68

[た行]

大学図書館	【43】36
田中稲城	【67】53

知識の伝達―本以外………【178】99
『中小レポート』………………146
調布市立図書館……………140, 145
　―研修…………………… 121
デューイ，メルヴィル
　………………………【36】31,【72】55
展示………………………【119】73
電子ブック ………………【53】41
ドキュメンテーション・サービス
　………………………【116】72, 132
読者
　―義務…………【100, 101】67, 124
　―目的を果たせない人………150
　―来館できない人……………150
読書―女性の…………………【27】26
図書館
　―貸出―配本箱……………【60】47
　―規則………………………【104】68
　―基盤………………………【138】82
　―コレクション形成……………143
　―三要素………………………119
　―社会的役割 …………………144
　―職員問題………………【174】96
　―資料費…………………【177】98
　―成長……………………【187】104
　―組織として……………【62】49
　―その本質………【126, 127】75
　―大憲章　→無料原則を見よ
　―テクニカル・サービス
　　………………………【146】84
　―図書館学との関係………【34】30

　―備品……………………………118
　―無料原則
　　……【182-187】101-103, ⑨ 106
　―立地……………………【142】83
図書館員…【38】32,【80】61,【88-90】
　　63,【91】64,【96】65
　―義務……………【100, 101】67
　―休息時間………………【39】33
　―給与……………………【41】35
　―協調……………………【44】37
　―研修……………………【170】94
　―原動力 ……………………139
　―時間……………………【148】85
　―自己変革 …………………140
　―質問しやすい人……………136
　―条件と資質 …………………137
　―将来……………………【45】37
　―専門職 ……………………126
　―学ぶ者の一人………………141
　―無欲な奉仕者………………141
図書館運動―70年代………【188】104
図書館学研究のスパイラル………113
図書館学の土台……………【94】64
図書館観―館種をこえて……【14】22
図書館関係閣僚会議
　……………………【84】62,【88-90】63
図書館業務―点検…………【56】44
図書館経営 ……………………133
図書館経営学………………【41】35
図書館サービス ……………【103】68
　―測定……………………【63】49

索引………157

図書館施設 …………………【47】38
図書館実務と第四法則 …………136
図書館主管当局 ………【26】26, ②28
図書館情報学の古典………【172】95
　→　図書館文化史をも見よ
図書館資料─多様化
　………………【176】98,【178】99
図書館税 ……………………【86】62
図書館長 …………【40】35,【54】44
図書館友の会 ………………【188】105
図書館に本を期待しない層
　………………………………【65】50
図書館の規則─みんなで利用 ……141
図書館の今後 ………………【74】56
図書館の三要素
　……………【165-168】91-93, 111
図書館の仕事－Art …………【144】83
図書館評価 …………………【29】27
図書館文化史 …………【61】48, 127
図書館利用教育 …………………136
図書館は人による ………………138

[な行]
ナイチンゲール, F.…【32】29, ③40
夏目漱石 ……………………14, ①16
成田図書館 ……………………⑤59
ニュートンの運動の法則……【21】25
人間が本の敵 ………………【48】38

[は行]
排架法 ………………………【119】73

萩原祥三 ……………………146
長谷川幸男 …………………【101】67
パブリック・フォーラム …………135
バランストスコアカード …………130
比較研究
　………【9】19,【66】51,【186】103
　─英国・インド ……………【9】20
比較制度論 …………………【69】54
人への援助 …………………【5】18
人が育つ ……………………【5】18
人という富 …………………【83】61
人の成熟と成長 ………【38】32, 123
　→　教育をも見よ
人の力はすごい …………………149
一人へのサービス…………【38】32
一人の読者と適書 ………………144
フェイスアウト（面展示）
　………………【39】34,【108】70
ブラウジング ………………【118】73
分類法 ………………………【53】43
米軍基地図書館 ……………【53】42
法則 …………………………【21】25
堀田善衛 ……………………④51
本
　─たやすく手に取る ……【123】75
　─亡失 ……………………【123】75
　─利用する ………………【35】30
　─利用するためのもの……【31】29
本を選ぶ
　─集中選書 ………………【108】70
　─その重要性 ……………【108】70

158

―予測 ……………………【95】64
本を知る機会 ………………【122】75
本を見せる …………………【122】74
本が働きやすい環境…………… 124
本多嘉一郎 …………………………146
本棚は生きている …………【164】90
本と市民の結びつき ………【39】33
本は利用するためにある, か？… 148

[ま行]

マドラス大学…………………【12】21
マドラス大学図書館―全日開館
　…………………………【39】33
マドラス図書館協会…………【10】20
ミツバチの精神 …【173-175】95-98
民主主義………………………【22】25
面展示　→　フェイスアウトを見よ
目録……………………………………132
元田作之進 ………………………⑤59

[や行]

ユネスコ図書館―謝金問題
　………………………………【185】102
夢十夜 ……………………………①16
よいものを分かち合う人……【90】63
予習………………………………………14

[ら行]

ライブラリーという概念………… 132
ラベル
　―禁帯出 ……………………【124】75

―本の背の ………………………136
ラーマーヤナ ………………【15】22
ランガナタン
　―英国留学 ………………【20】24
　―教育観 ………………………144
　―研究生活 ………………【19】23
　―思索の源流 ……………【18】23
　―自伝………………………【17】23
　―数学教師時代 …………【10】20
　―先見性 ……………【113-116】72
　―読者への期待 …………【75】57
　―人間観 …………………【58】45
利用者―その義務 ………………141
　→　読者をも見よ
レーニン ……………………【78】60
レファレンス・サービス
　…【97-99】66,【128】77,【128-130】
　76-78,【143, 144】83, 111
　―人的サービス …………【179】100
レファレンス・ライブラリアン
　…………………【129】77,【130】78
　―旅行業者との比較
　……………………【138】78,【175】97
レファレンス・ライブラリアンとしての教師 ……………………【175】97
レファレンス・ワーク …………134
　→　レファレンス・サービスをも見よ
ロス, E. V.…………【15】22,【16】23
ロンドン大学図書館学部……【10】20

■編者紹介

竹内　悊（たけうち，さとる）

　1927 年　東京郊外に生まれる
　1956 年　東洋大学司書講習修了
　1965 年　フロリダ州立大学（米国）から修士号（図書館学）
　1979 年　ピッツバーグ大学（米国）から博士号（図書館情報学）
　1954-67 年　学校司書，大学図書館司書
　1968-80 年　図書館学の教職に就く（立正大学，専修大学）
　1981 年　図書館情報大学（教授，後副学長），93 年退官
　1998 年　日本図書館協会顧問
　2001-2005 年　日本図書館協会理事長

著書

『図書館学の教育』（編著）日外アソシエーツ　1983／『コミュニティと図書館』（編著）雄山閣　1995／『ストーリーテリングと図書館』（編訳）日本図書館協会　1995／『図書館のめざすもの』（編訳）日本図書館協会　1997／『図書館の歩む道−ランガナタン博士の五法則に学ぶ』（解説）日本図書館協会　2010／『図書館のめざすもの』新版（編訳）日本図書館協会　2014

論文

"Dewey in Florida." *Journal of Library History*, Vol.1, No.2, 1966／「比較図書館学について」『図書館学の研究方法』日外アソシエーツ　1982／「青柳文庫について」『図書館情報大学研究報告』12 巻1号　1993／"Bunko, Private Mini-libraries for Children in Japan." International Conference of School Librarians, Pittsburgh, Pa., U.S.A., 1994／「図書館の備品・用品」『大倉山論集』第 52 輯 2006／"Early Book Paths: From China and Korea to Japan, As A Preface to Library Cooperation." 国際図書館連盟年次大会東アジア地域学術情報流通分科会(2006，ソウル)での基調講演／"The Five Laws of Library Science from A Japanese Angle." 図書館学の五法則 80 周年記念国際セミナー（2011，韓国大田市）

視覚障害者その他活字のままではこの本を利用できない人のために，日本図書館協会及び著者に届け出る事を条件に音声訳（録音図書）及び拡大写本，電子図書（パソコンなど利用して読む図書）の製作を認めます。但し，営利を目的とする場合は除きます。

EYE LOVE EYE

◆ JLA 図書館実践シリーズ　20
「図書館学の五法則」をめぐる188の視点
『図書館の歩む道』読書会から

2012年4月30日　　初版第1刷発行 ©
2015年6月30日　　初版第2刷発行

定価：本体1700円（税別）

編　者：竹内　悊
発行者：公益社団法人　日本図書館協会
　　　　〒104-0033　東京都中央区新川1-11-14
　　　　Tel 03-3523-0811(代)　Fax 03-3523-0841
デザイン：笠井亞子
印刷所：イートレイ㈱　　Printed in Japan
JLA201508　　ISBN978-4-8204-1201-4
本文の用紙は中性紙を使用しています。

JLA 図書館実践シリーズ　刊行にあたって

　日本図書館協会出版委員会が「図書館員選書」を企画して 20 年あまりが経過した。図書館学研究の入門と図書館現場での実践の手引きとして，図書館関係者の座右の書を目指して刊行されてきた。

　しかし，新世紀を迎え数年を経た現在，本格的な情報化社会の到来をはじめとして，大きく社会が変化するとともに，図書館に求められるサービスも新たな展開を必要としている。市民の求める新たな要求に対応していくために，従来の枠に納まらない新たな理論構築と，先進的な図書館の実践成果を踏まえた，利用者と図書館員のための出版物が待たれている。

　そこで，新シリーズとして，「JLA 図書館実践シリーズ」をスタートさせることとなった。図書館の発展と変化する時代に即応しつつ，図書館をより一層市民のものとしていくためのシリーズ企画であり，図書館にかかわり意欲的に研究，実践を積み重ねている人々の力が出版事業に生かされることを望みたい。

　また，新世紀の図書館学への導入の書として，一般利用者の図書館利用に資する書として，図書館員の仕事の創意や疑問に答えうる書として，図書館にかかわる内外の人々に支持されていくことを切望するものである。

2004 年 7 月 20 日
日本図書館協会出版委員会
委員長　松島　茂

JLA図書館実践シリーズ 既刊20冊、好評発売中

図書館員と図書館を知りたい人たちのための新シリーズ！

(価格は本体価格)

1. **実践型レファレンスサービス入門 補訂版**
   斎藤文男・藤村せつ子著／203p／1800円

2. **多文化サービス入門**
   日本図書館協会多文化サービス研究委員会／198p／1800円

3. **図書館のための個人情報保護ガイドブック**
   藤倉恵一著／149p／1600円

4. **公共図書館サービス・運動の歴史1** そのルーツから戦後にかけて
   小川徹ほか著／266p／2100円

5. **公共図書館サービス・運動の歴史2** 戦後の出発から現代まで
   小川徹ほか著／275p／2000円

6. **公共図書館員のための消費者健康情報提供ガイド**
   ケニヨン・カシーニ著／野添篤毅監訳／262p／2000円

7. **インターネットで文献探索 2013年版**
   伊藤民雄著／197p／1800円

8. **図書館を育てた人々 イギリス篇**
   藤野幸雄・藤野寛之著／304p／2000円

9. **公共図書館の自己評価入門**
   神奈川県図書館協会図書館評価特別委員会編／152p／1600円

10. **図書館長の仕事** 「本のある広場」をつくった図書館長の実践記
    ちばおさむ著／172p／1900円

11. **手づくり紙芝居講座**
    ときわひろみ著／194p／1900円

12. **図書館と法** 図書館の諸問題への法的アプローチ
    鑓水三千男著／308p／2000円

13. **よい図書館施設をつくる**
    植松貞夫ほか著／125p／1800円

14. **情報リテラシー教育の実践** すべての図書館で利用教育を
    日本図書館協会図書館利用教育委員会編／180p／1800円

15. **図書館の歩む道** ランガナタン博士の五法則に学ぶ
    竹内悊解説／295p／2000円

16. **図書分類からながめる本の世界**
    近江哲史著／201p／1800円

17. **闘病記文庫入門** 医療情報資源としての闘病記の提供方法
    石井保志著／212p／1800円

18. **児童図書館サービス1** 運営・サービス論
    日本図書館協会児童青少年委員会児童図書館サービス編集委員会編／310p／1900円

19. **児童図書館サービス2** 児童資料・資料組織論
    日本図書館協会児童青少年委員会児童図書館サービス編集委員会編／322p／1900円

20. **「図書館学の五法則」をめぐる188の視点** 『図書館の歩む道』読書会から
    竹内悊編／160p／1700円